| I i | U u |
| Ö ö | Ü ü | Ä ä |

N n	D d	F f	P p	ch
W w	G g	Pf pf	J j
C c	Ch	X x	Y y

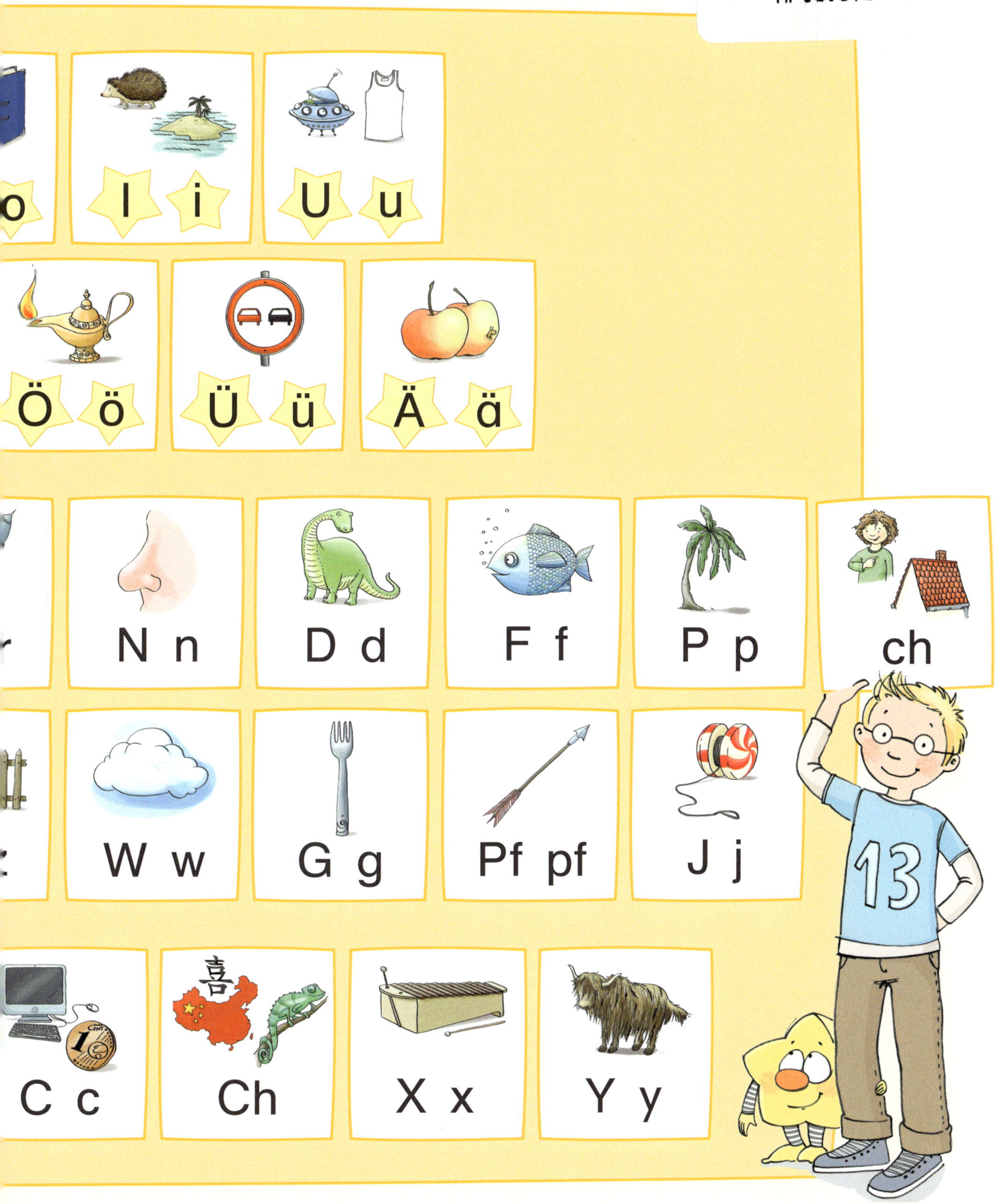

Liebe Eltern, liebe Interessierte,

die **BAUSTEINE** Fibel begleitet Ihr Kind von nun an durch den Schriftspracherwerb. Für viele Kinder ist die Welt der Schrift noch eine neue Welt: Aus Wörtern hören sie oft zunächst nur einzelne Laute heraus und entdecken nur einzelne Buchstaben, die ihnen bereits bekannt sind. Erst langsam entdecken sie, dass bestimmte Laute und Buchstaben zusammengehören. Dabei stellt sich Kindern aber oftmals das Problem, dass sie buchstabieren anstatt zu lautieren: Sie sagen „ES" oder „EM" anstatt „SSS" und „MMM". Helfen Sie Ihrem Kind, indem Sie Buchstaben lautieren.
Die Kinder lernen in dieser Fibel die Buchstaben zunächst über Anlaute kennen. Dafür erhalten sie eine Tabelle mit Buchstaben und Bildern, die ihnen dabei hilft, Anlauten die passenden Bilder zuzuordnen. Diese Erarbeitung der Buchstaben geschieht parallel dazu nach und nach im Leselehrgang. Mit der Anlauttabelle können die Kinder allen Anlauten den passenden Buchstaben zuordnen und die Anlaute der Anlautbilder lesen:

   heißt Lea.

Mit Hilfe der Anlauttabelle können die Kinder auch erste Wörter verschriften:
Da in der deutschen Sprache Buchstaben und Laute nicht immer genau zusammenpassen, können die Kinder Wörter noch nicht orthographisch korrekt verschriftlichen: Sie schreiben „schtain" anstatt Stein oder „beak" anstatt Berg. Wenn Ihrem Kind das gelingt, hat es bereits eine große Leistung vollbracht.
Die **BAUSTEINE** Fibel ist in acht Buchstaben- und zwei Zusatzkapitel gegliedert. Die Buchstabenkapitel starten mit einer Einstiegsdoppelseite zur Bildbetrachtung und zur Sprach- und Leseförderung. Die sich anschließenden Lehrgangsseiten behandeln in der Regel einen, später auch zwei Buchstaben und bieten Lesetexte, die die eingeführten Buchstaben enthalten. In Kapitel 4 „Auf ins Abenteuer" wird eine zusammenhängende Geschichte gelesen, um bereits frühzeitig das Interesse an Büchern zu fördern.
Texte, die mit drei Bausteinen gekennzeichnet sind, gehen über den Leselehrgang hinaus. Sie wurden als zusätzliches Angebot für Kinder entwickelt, die bereits selbstständig weitere Buchstaben erarbeitet haben. Diese Texte dürfen auf keinen Fall von den Kindern gefordert werden, sondern sie dienen als Zusatzangebot. Wörter, die die Kinder als Ganzes lernen, sind farbig gedruckt. Dies sind oftmals schwierige Wörter, die aber häufig gebraucht werden. Jedes Kapitel endet mit einer Doppelseite „So macht es Quiesel", auf der die Kinder erste Lese- und Lerntechniken erwerben und erproben können.
Begleiten Sie Ihr Kind durch den Schriftspracherwerb und freuen Sie sich gemeinsam mit ihm über seine Fortschritte!

Ihr **BAUSTEINE** *Team*

westermann

BAUSTEINE
Fibel

Erarbeitet von
Kirsten Bruhn, Neubrandenburg
Sabine Gudat-Vasak, Hanau
Gabriele Hinze, Metelen
Bernadette Nabers, Heek
Daniela Reinker, Metelen

Unter Beratung von
Ines Hölzel, Dresden
Ann-Katrin Ostermann, Köln
Manja Stordel, Zschopau

1

Inhalt

	Unsere Schule	4
	Vor meiner Tür	16
	Ich – du – wir	28
	Auf ins Abenteuer	40
	Von Kopf bis Fuß	54
	Der Natur auf der Spur	68
	Hier und anderswo	82
	In der Medienwelt	96
	Im Land der Fantasie	110
	Durch das Jahr	122

So macht es Quiesel

Mit der Anlauttabelle lesen	14
Mit einem Portfolio arbeiten	26
Zu einer Bilderfolge erzählen	38
Eine Szene spielen	52
Einen Text auswendig lernen	66
Informationen in einem Text finden	80
Einen kurzen Vortrag vorbereiten	94
Ein Interview führen	108
Einen Text vorlesen	120

Diese Zeichen findest du in deiner Fibel:

Hallo. Ich bin Quiesel.

 Überlege, ob du diese Arbeit in deinem Portfolio sammeln möchtest.

 Auf diesen Seiten erklärt dir Quiesel, wie du vorgehst.

 Hier kannst du üben.

 Diese Texte sind schwieriger.

· Lerninhalte/Kompetenzen · Materialien zur Differenzierung · Verweise

Unsere Schule

Oda Ruthe

Auf dem Schulhof

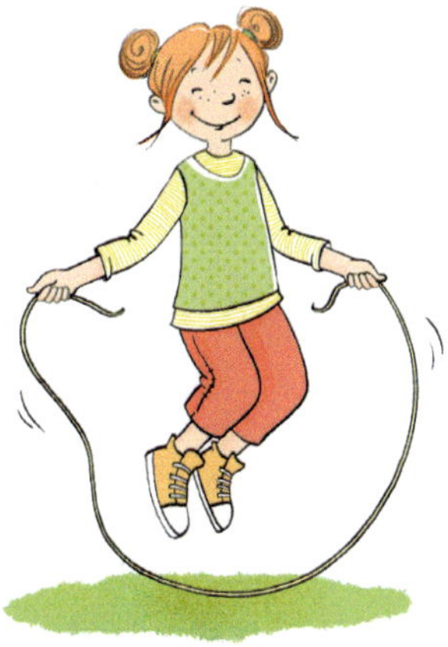

L E A

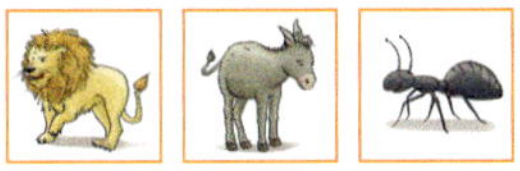

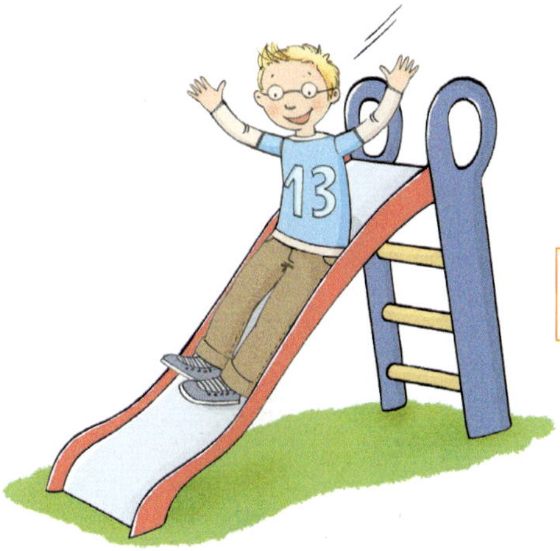

O L E

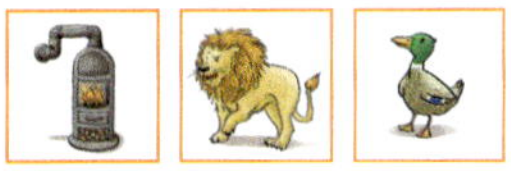

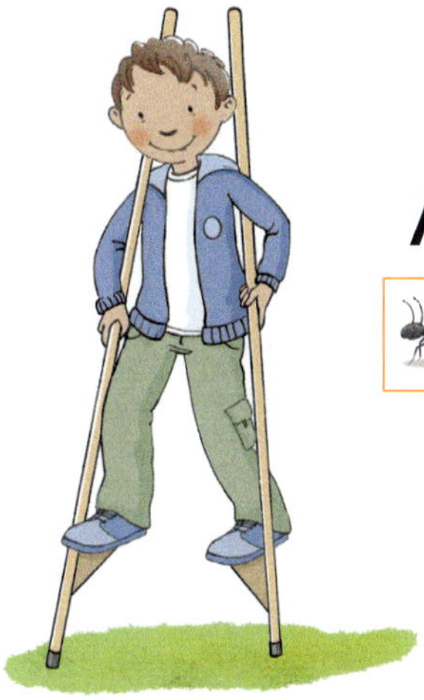

A L I

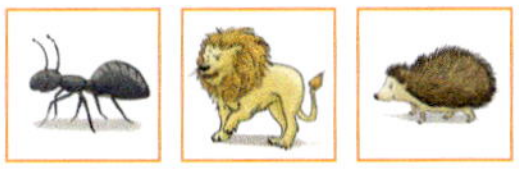

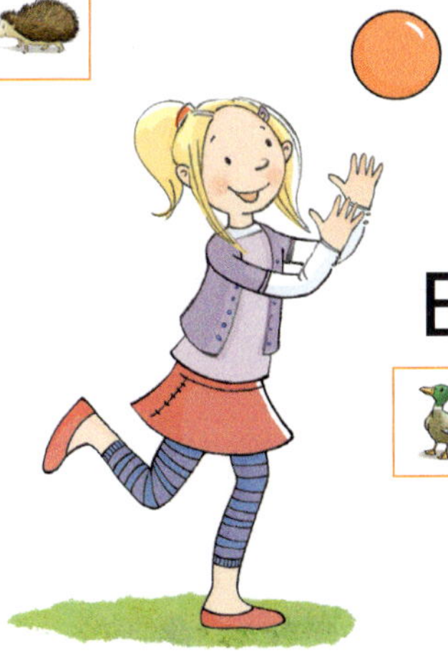

E L L A

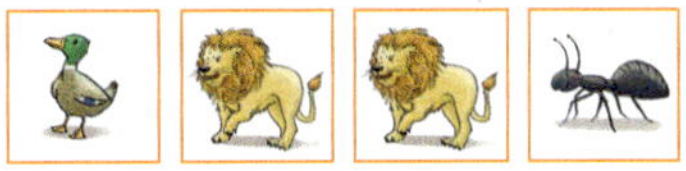

- zum Bild erzählen
- die vier Kinder im Bild wiederfinden
- Anlautschrift lesen

Fö KV 1–15

AH Teil A, S. 1–6

A a

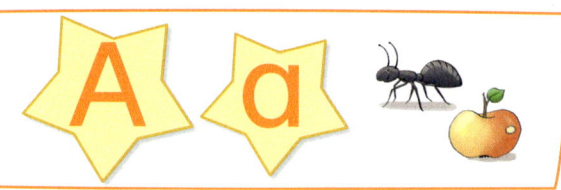

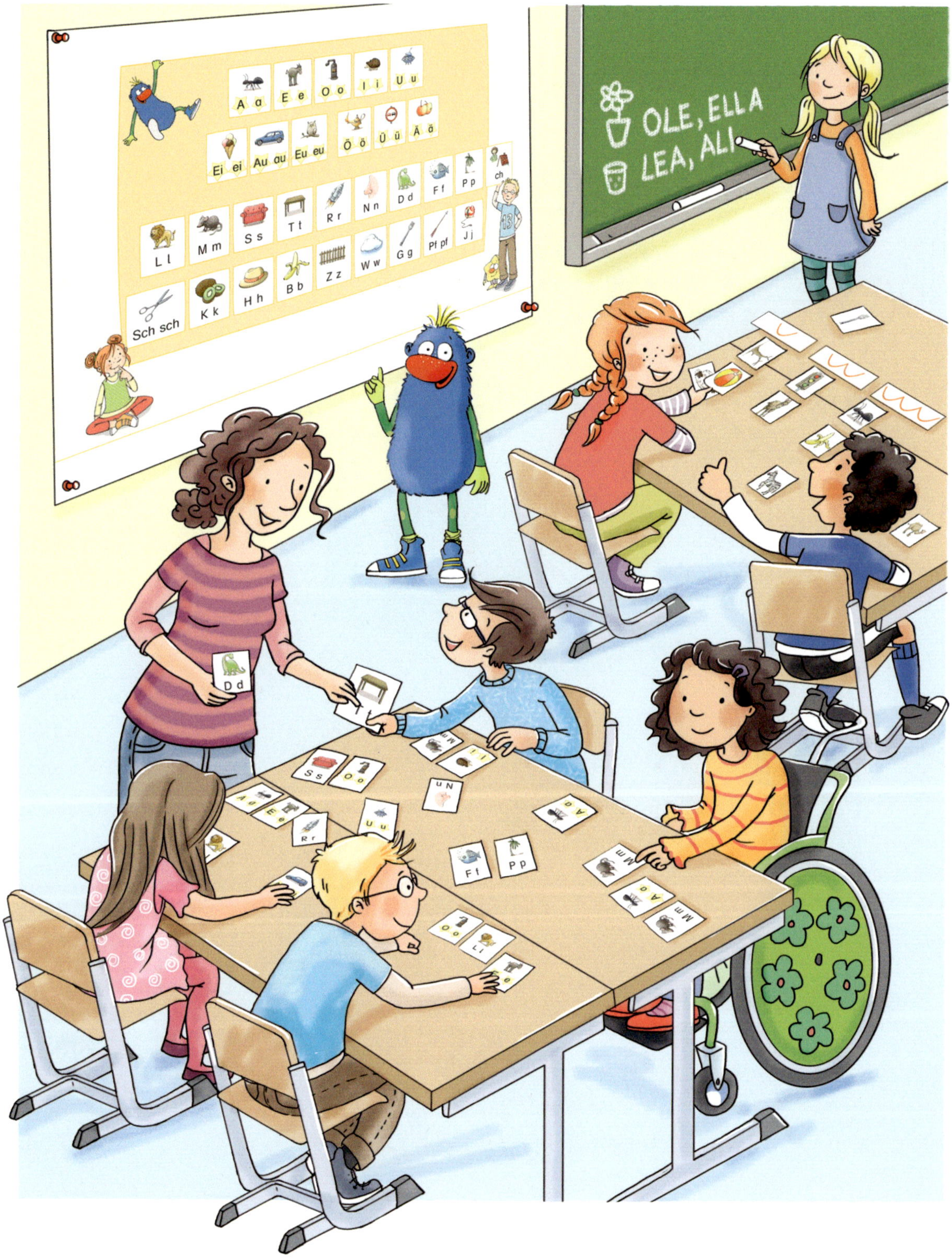
OLE, ELLA
LEA, ALI
A a
E e
O o
I i
U u
Ei ei
Au au
Eu eu
Ö ö
Ü ü
Ä ä
ch
L l
M m
S s
T t
R r
N n
D d
F f
P p
J j
Sch sch
K k
H h
B b
Z z
W w
G g
Pf pf

Alle lesen A.
Lea kann Ali lesen.

Seite 14 / 15

- zum Bild erzählen
- an Stationen den Buchstaben / Laut A a auditiv, visuell und motorisch erfassen

Fö KV 16–18
MK 1, 5–8

AH Teil A, S. 7–10
LMH, S. 3
KV 1

L l

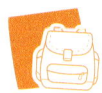

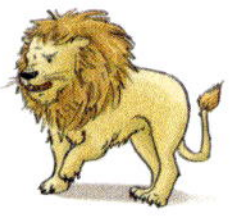

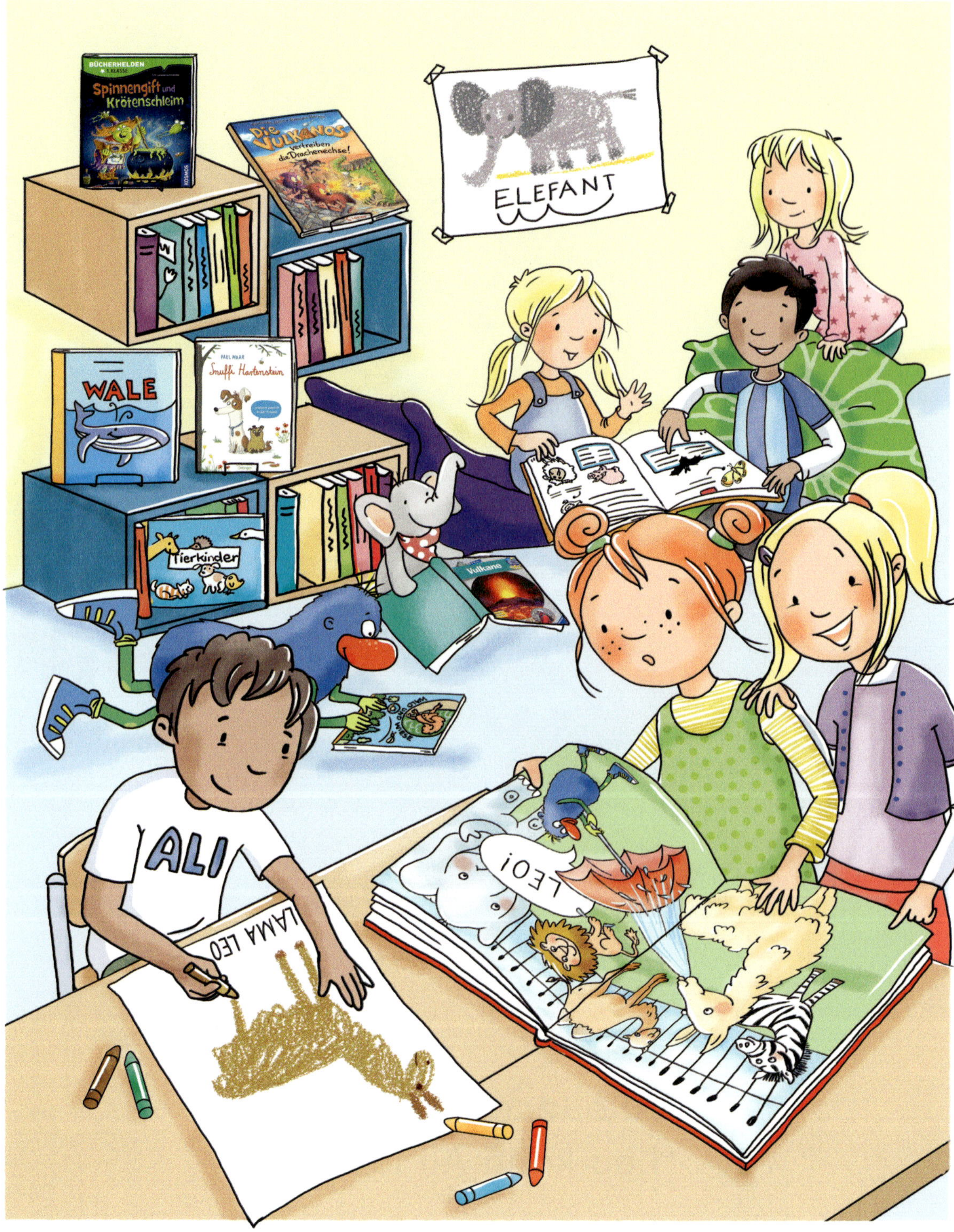
BÜCHERHELDEN
1. KLASSE
Spinnengift und Krötenschleim
Die Vulkanos vertreiben die Drachenechse!
ELEFANT
WALE
PAUL MAAR
Snuffi Hartenstein
Tierkinder
Vulkane
ALI
LAMA LEO
LEO!

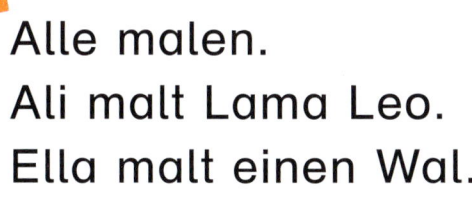

Ella	Lea

Alle malen.
Ali malt Lama Leo.
Ella malt einen Wal.

Was malst du?

Lea   Lale
Ella   alle

mit

Lea   mit   Lale
Ella mit   Lale
Alle mit   Lale

m i t

Alle spielen.
Lea und Ella werfen den Ball.
Lale will mit Ele rutschen.

Toll / toll

O, Ole!
Lola, toll!
Toll, Lola!

t  o l l

O, Ole!
Ole ist im Tor.
Lola hat den Ball.
Toll! Der Ball ist im Tor.

So macht es Quiesel

Mit der Anlauttabelle lesen

1	2	3	4
L l	A a	M m	A a
L	a	m	a

 L

 L a

 L a m

 L a m a

○  O o  M m  A a

○  L l  A a  M m  A a

○  W w  A a  L l

○  L l  I i  L l  A a

Seite 6 / 7

- die Methode kennen und anwenden
- Wörter lesen, das richtige Wort mit einem Spielstein kennzeichnen

AH Teil A, S. 23–24
KV 10, 11

15

Vor meiner Tür

Lars Baus

Der Weg zur Schule

Beschreibung	Bewegung
Heute geht Lea wieder in die Schule. Mama und Oma gehen mit.	
Zuerst muss Lea sich Schuhe und Jacke anziehen.	Schuhe und Jacke anziehen
Die Schultasche kommt auf den Rücken.	Schultasche aufsetzen
Mama schließt noch schnell die Haustür ab.	Schlüssel drehen
Alle laufen los.	auf der Stelle laufen
Lea nimmt Mamas Hand.	Kind an die Hand nehmen
Am Zebrastreifen bleiben sie stehen.	stoppen
Gerade fährt Leas Freundin Alma im Auto vorbei. Lea winkt.	winken
Jetzt müssen sie sich beeilen.	etwas schneller laufen
Die Zeit wird knapp.	auf die Uhr gucken
An der nächsten Ecke können sie schon die Schule sehen.	Hand an die Stirn halten
Am Tor verabschiedet sich Lea von Oma und Mama.	Kusshand zuwerfen, winken
Nun flitzt sie schnell mit den anderen Kindern in den Klassenraum.	auf der Stelle rennen
	hinsetzen

Bernadette Nabers

- den Text lesen/vorlesen und mit Bewegungen begleiten
- Bewegungen ausdenken

M m

Mama, male Ele!

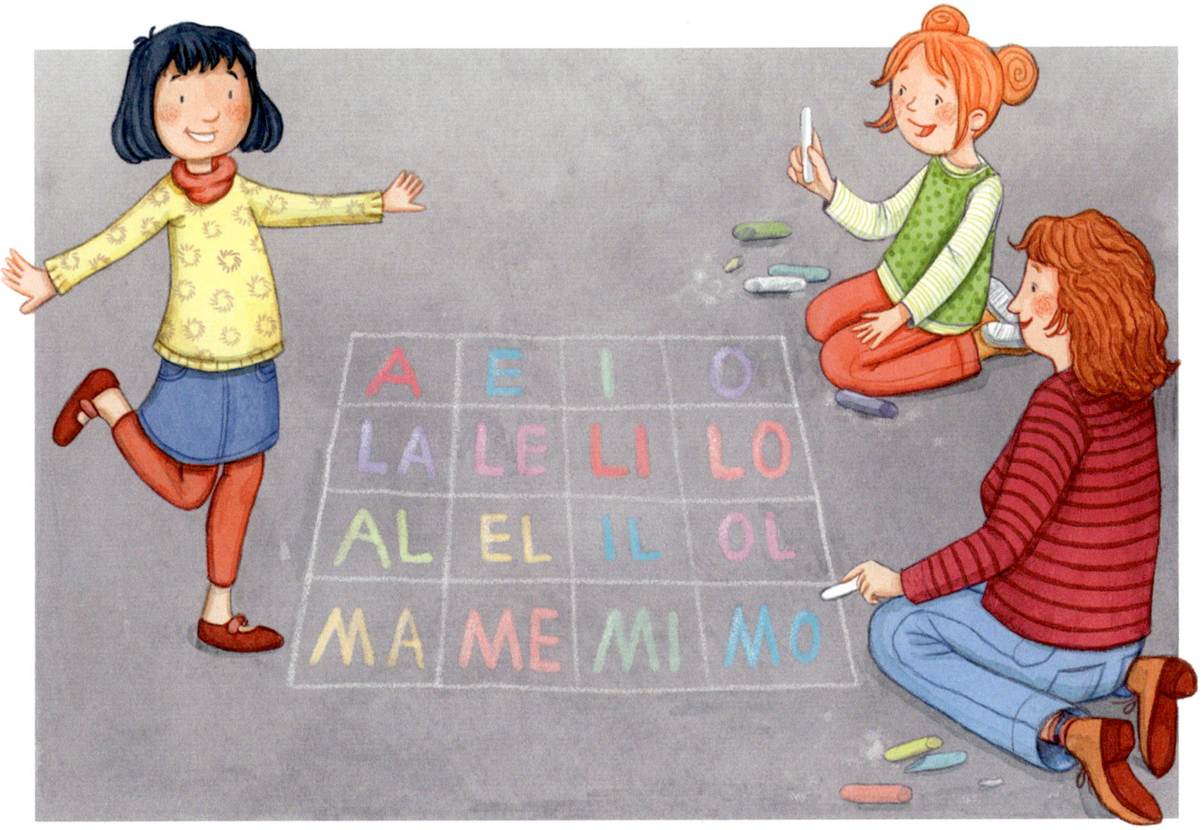

malt

Mama malt mit Lea.

m   a   l   t

Alle malen Bilder.
Alma malt ein Lama.
Lea malt ein Spiel.

Spiele mit!

Lea im
Mama mit Oma im

Lea mit lila Lolli
Oma mit Limo

> Lea, Mama und Oma kaufen ein.
> Lea mag Lollis.
> Oma kauft Lea einen lila Lolli.
>
> Was magst du gern?

S s

Alle am See
Lea mit Mama am See
Emil am See

ist

Ole ist mit Esel Selma am See.

i s t

Heute sind die Kinder am See.
Mama und Oma sind auch da.
Ole kommt mit Esel Selma.
Die Kinder dürfen auf Selma reiten.

T t

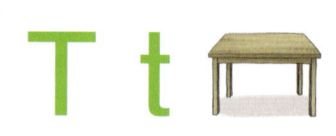

Amsel Tilli

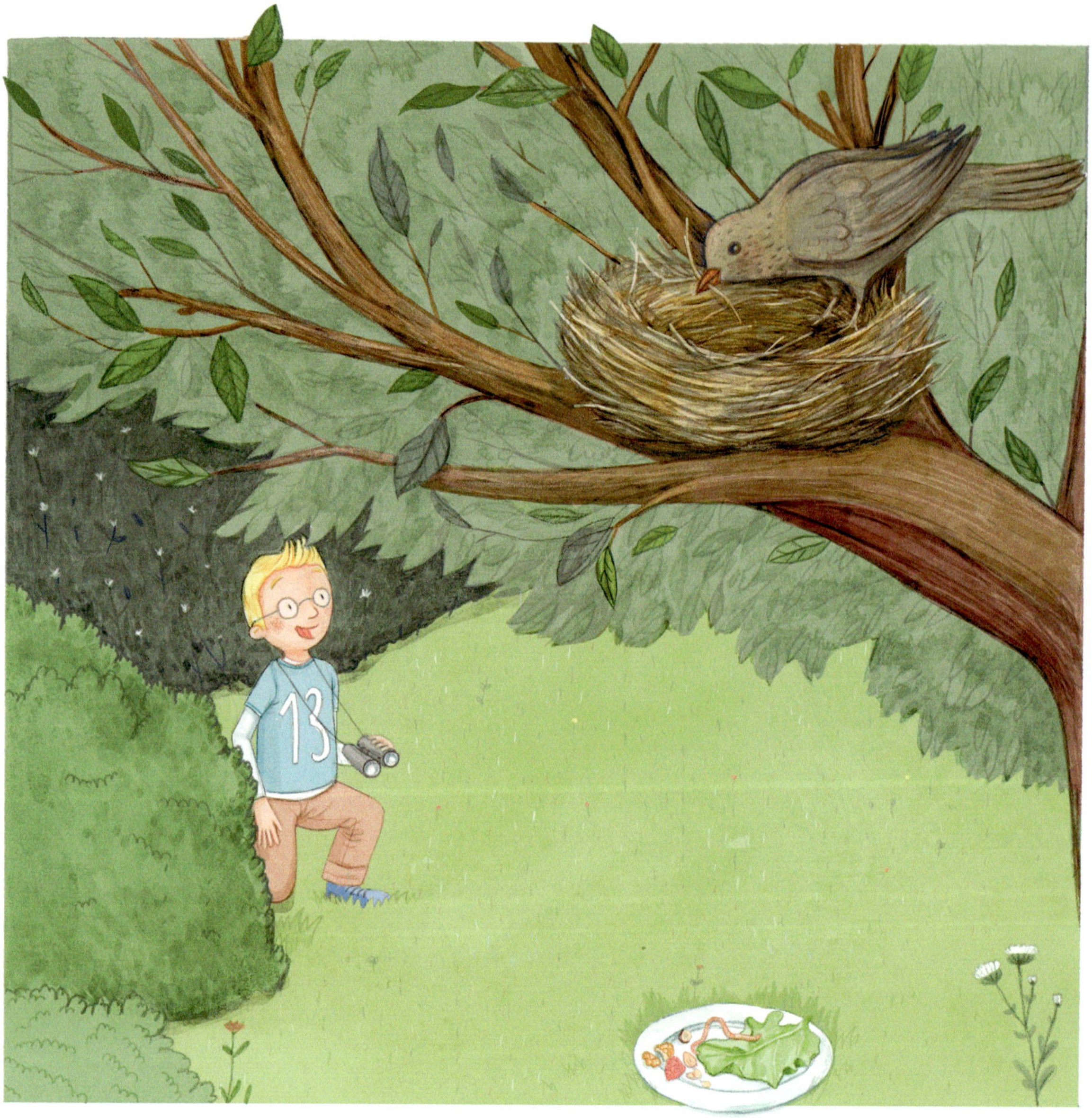

Ole mit Amsel Tilli
Amsel Tilli ist im 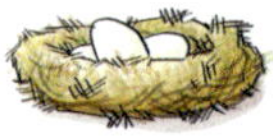 .

Amsel Tilli isst 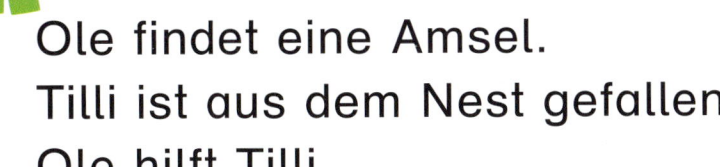. Tilli ist satt.

Ole malt Tilli.

Ole findet eine Amsel.
Tilli ist aus dem Nest gefallen.
Ole hilft Tilli.

Hast du auch einem Tier geholfen?

So macht es Quiesel

Mit einem Portfolio arbeitenn

1 **2** Was suche ich aus?

3 **4** Warum hast du das Bild ausgesucht? Weil es so schön geworden ist.

Ich lege es in mein Portfolio.

Ich erkläre, warum ich es ausgesucht habe.

In meinem Portfolio sammele ich:
- Bilder
- Geschichten
- Gedichte
- Fotos
- Spiele

Das Bild ist in meinem Portfolio, weil es so schön ist.

Ich lege die Geschichte in mein Portfolio, weil ich mir Mühe gegeben habe.

Ich habe das Spiel ausgesucht, weil es mir sehr viel Spaß gemacht hat.

Lege ein Portfolio an.

Seite 24/25

- die Methode kennen und anwenden
- ein Portfolio anlegen

KV 21

 # Ich – du – wir

Otmar Alt

Wir sind anders

Erst **1**, dann **2**, dann **3**, dann **4**,
mit unseren Füßen gehen wir.
Nun vor, zurück und seitwärts schließen,
mit den Händen kurz begrüßen.
Weiter geht's im Sauseschritt,
kommen alle mit?

Wir sind anders, das sieht jeder,
in den Haaren eine Feder
oder auch ein großes Herz:
Nein, das ist kein Scherz!

Erst **1**, dann **2**, dann **3**, dann **4**,
mit unseren Füßen gehen wir.
Nun vor, zurück und seitwärts schließen,
mit den Händen kurz begrüßen.
Weiter geht's im Sauseschritt,
kommen alle mit?

Wir sind anders, das ist klar,
ist das denn nicht wunderbar?
Uns gefällt es kunterbunt,
mir, dir, uns und unserem Hund.

Erst **1**, dann **2**, dann **3**, dann **4**, …

Gabriele Hinze

- zum Bild erzählen
- Dinge im Bild wiederfinden
- Reim sprechen, sich dazu bewegen

Im Museum

Ali ist mit Mama im Museum.
Ali ist am Emu.

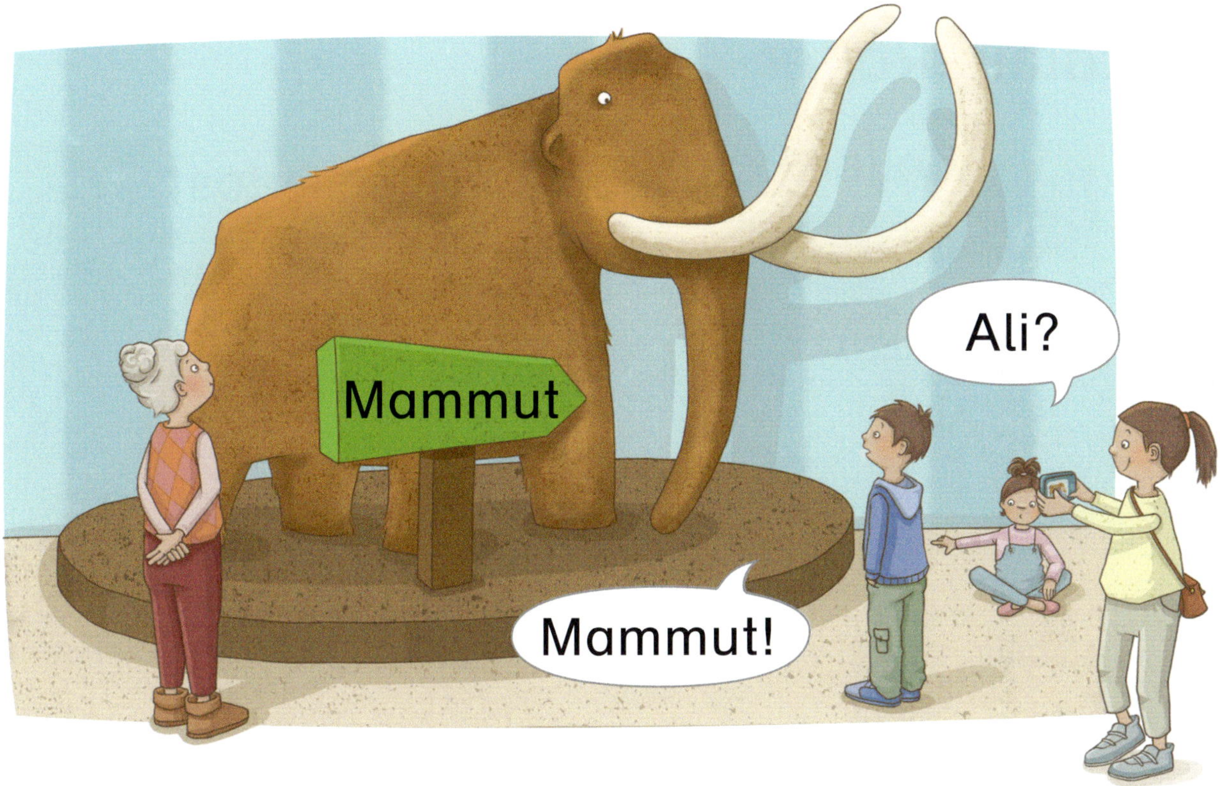

Ali ist mit Ulima am Mammut.
So ein altes Mammut!
Im Museum ist es toll.

ei n

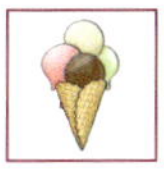

Mammuts gab es
vor vielen tausend Jahren.
So sahen sie aus: 4 Meter groß,
braunes Fell, Stoßzähne.

Welche großen Tiere kennst du?

- kurze Texte lesen
- von eigenen Erlebnissen berichten
- Einführung des Ganzwortes *ein*

Fö KV 40–42
MK 25, 26, 29, 33, 37

AH Teil A, S. 47–50
LMH, S. 13,
KV 22

R r

Romis Roller

Romi mit Roller

Romi mit Ole

O, Romi!

Romi rast los.

eine

Ole rollt eine Murmel.   Murmel im Tor!

ei   n   e

Ole und Romi sind beste Freunde.
Manchmal gibt es Streit.
Aber sie vertragen sich wieder.

Hast du auch manchmal Streit?

N n

Luna in Not

Ole ist mit Nero am Tor.
Nero rennt los.
Luna ist in Not.
Nero rennt. Luna rennt.

Luna ist am Ast.
Nero ist unten.

Ole nimmt Nero mit.
Lea rettet Luna.

Ole hat einen Hund.
Er heißt Nero.
Luna ist Leas Katze.
Sie kann gut klettern.

Hast du auch ein Haustier?

D d

Lesen mal anders

Der Adler

rudert

im Tunnel.

Toller Unsinn!

Ella, Dario und Ali lesen.
Alle lesen Unsinn.

Die / die

⚀ Eine Dame	⚀ malt	⚀ in der Sonne.
⚁ Der Laster	⚁ rast	⚁ im Tunnel.
⚂ Das Radio	⚂ dudelt	⚂ am See.
⚃ Der Adler	⚃ landet	⚃ im Nest.
⚄ Der Matrose	⚄ rudert	⚄ an Land.
⚅ Die Murmel	⚅ rollt	⚅ im Sand.

Wir lesen heute lustige Sätze.
Jeder würfelt und setzt die Spielfigur.
Lest nacheinander. Rot beginnt.

Welcher Satz klingt am besten?

So macht es Quiesel

Zu einer Bilderfolge erzählen

Ich lese die Bilder so:

Ich sehe mir jedes Bild genau an.

Ich überlege, was passiert.

Ich erzähle die Geschichte.

Erzähle.

Seite 32/33

- die Methode kennen und anwenden
- eine Bildergeschichte nacherzählen

Auf ins Abenteuer

Irmela Schautz

Unterwasserwelt

In der Unterwasserwelt
kannst du viel erleben.
In der tollen Muschelkutsche
durch das Wasser schweben.

Seepferdchen – Kugelfisch,
Tintenfisch – Delfin,
Seeschlange und Qualle
gefangen werden alle.

Schwertfisch schlitzt das große Netz,
die Fischlein sind nun frei.
Wollen durch das Wasser zieh'n,
doch plötzlich kommt ein Hai.

Seepferdchen – Kugelfisch,
Tintenfisch – Delfin.
Wenn du ganz genau hinschaust,
kannst du sie alle seh'n.

Gabriele Hinze

F f

Finn im Meer

Finn ist im Meer.
Die Flut tost. Finn ist in Not.
In der Ferne ist ein Fass.

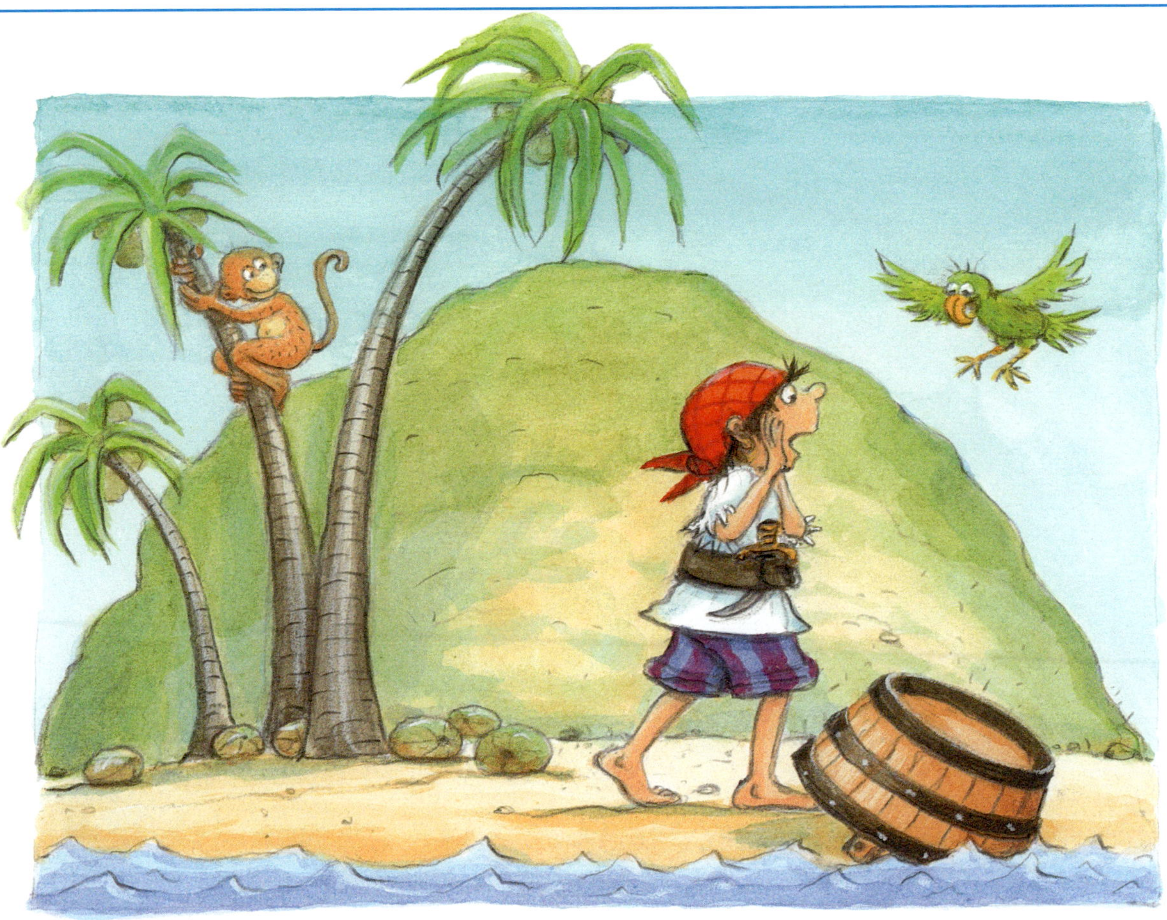

Das Fass rettet Finn an eine Insel.
Finn landet am Ufer. Er ruft.
Dann trifft Finn den Affen Filo.

Finn ist vom Piraten-Schiff gefallen.
Zum Glück ist er auf der Insel gelandet.
Hier gibt es viele Tiere und Pflanzen.

Welche Tiere leben auf einer Insel?

Seite 52/53

P p

Die Piraten

Die Piraten sind ratlos.
Piraten-Opa ruft: Finn!
Piraten-Papa ruft: Finn!
Sie paddeln an die Insel,
Opa mit Lampe und Papa mit Pistole.

Finn und Affe Filo sind unter den Palmen.
Eine Nuss plumpst in den Sand.
In der Nuss ist Saft.
Finn nippt daran: Super!

Es wird Nacht.
Finn und Affe Filo sind eingeschlafen.
Finn träumt von Papa und Piraten-Opa.
So merkt er nicht, dass ein Schiff anlegt.

Male Finns Traum.

Sch sch

Schufti und die Perlen

Der Mond ist schon da.
Die Piraten sind an Land.
Im Schatten rumpelt es.
Schnell schaltet Opa die Taschenlampe an.

Piraten-Papa ruft:
Da ist Schufti! Er findet unsere Perlen!
Schnell rennt Schufti mit Schippe
und Perlen an das Schiff.
Piraten-Opa ruft:
Lass den Schuft! Da ist Finn!

Schufti ist auch ein Pirat.
Er hat die Perlen von Papa und Opa gestohlen.
Er entkommt mit seinem Schiff.
Opa hat Finn entdeckt.
Finn schläft unter einer Palme und schnarcht.

Die Reise

Opa und Papa sind an Finns Seite.
Opa meint: Schufti ist leider
schon an seinem Schiff.
Finn ruft: O nein!

sie

Schnell entscheidet Piraten-Papa:
Eine Reise an Schuftis Insel muss sein.
Alle eilen an das Schiff.
Die Sonne scheint.
Leise landen sie an der Insel.

Auf der Insel schleichen die drei Piraten zu Schuftis Hütte.
Dort hat Schufti die Perlen versteckt.
Aber Schufti ist nicht da.
Piraten-Papa schnappt sich die Perlen.
Schnell rennen sie zurück zum Schiff.

Wo ist Schufti?

ch

Die Piraten-Feier

Alle lachen.
Opa ruft: Lasst uns eine Feier machen!
Die Suche nach den Perlen
nimmt ein tolles Ende.
Dann ruft Finn: Da! Land in Sicht!

Sie erreichen die Pirateninsel.
Piraten-Mama ruft: Endlich sind alle da!
Erleichtert nimmt sie Finn in die Arme.
Piraten-Oma macht eine Drachen-Suppe.
Nach dem Essen feiern alle.
Eine fantastische Nacht!

Finn ist nun endlich wieder zu Hause.
Alle freuen sich sehr.
Auch der Perlen-Schatz ist gerettet.
Das war ein großes Abenteuer!

Hast du auch schon ein Abenteuer erlebt?

So macht es Quiesel

Eine Szene spielen

Wir lesen den Text.

Wir verteilen die Rollen.

Wir verkleiden uns.

Wir üben.

Das Fass rettet Finn an eine Insel.
Finn landet am Ufer. Er ruft.
Dann trifft Finn den Affen Filo.

Ich bin Affe Filo und wer bist du?

Mein Name ist Finn.

Spielt eine Szene.

Seite 42/43

· eine Szene weiterspielen
· Ideen entwickeln

KV 44

# Von Kopf bis Fuß

Keith Haring

Körperteil Blues

Das geht von Kopf bis Fuß,
von Kopf bis Fuß,
eine Hand zum Gruß
und noch 'ne Hand zum Gruß.
Wir machen winke, winke, winke, winke,
winke, winke, winke, für den Körperteil Blues
für den Körperteil Blues.

Ganz oben ist der Kopf
und auf ihm sind die Haare.
Wir sehen mit dem Auge
und riechen mit der Nase.
Darunter ist der Mund,
wir hören mit dem Ohr
und haben 28 Zähne.
Wir singen jetzt im Chor!

Das geht von Kopf bis Fuß,
von Kopf bis Fuß,
eine Hand zum Gruß ...

Achim Oppermann, Florian Bauer, Gaby Casper
(gekürzt)

Seite 66/67

- das Lied singen
  und mit Bewegungen begleiten
- ein Lied auswendig lernen

K k

Muskel-Kater im Keller

Ali und Ole sind im Keller.
Dort finden Ali und Ole
ein kleines Radio, Kisten und alte Koffer.
Mit den Kisten und Matten
machen sie einen Tunnel.

Nun schaltet Ali das kleine Radio ein.
Ole nimmt Saftflaschen.
Im Takt der Musik trimmt er
seine Muskeln.
Da kommt Kater Muki.
Er sucht sein Schlafkissen.

Alis Fitness-Plan:
  15 Minuten zur Schule laufen
  10 Minuten Fangen spielen
  15 Minuten nach Hause laufen
   2 Stunden Fußball spielen
   2 Minuten Zähne putzen

Mache mit! Plane deine Fitness!

Au au

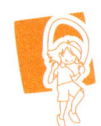

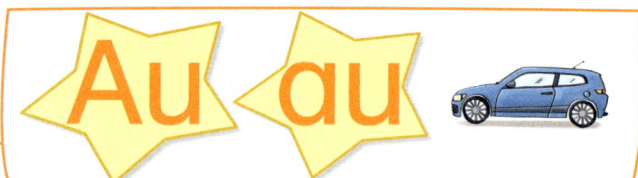

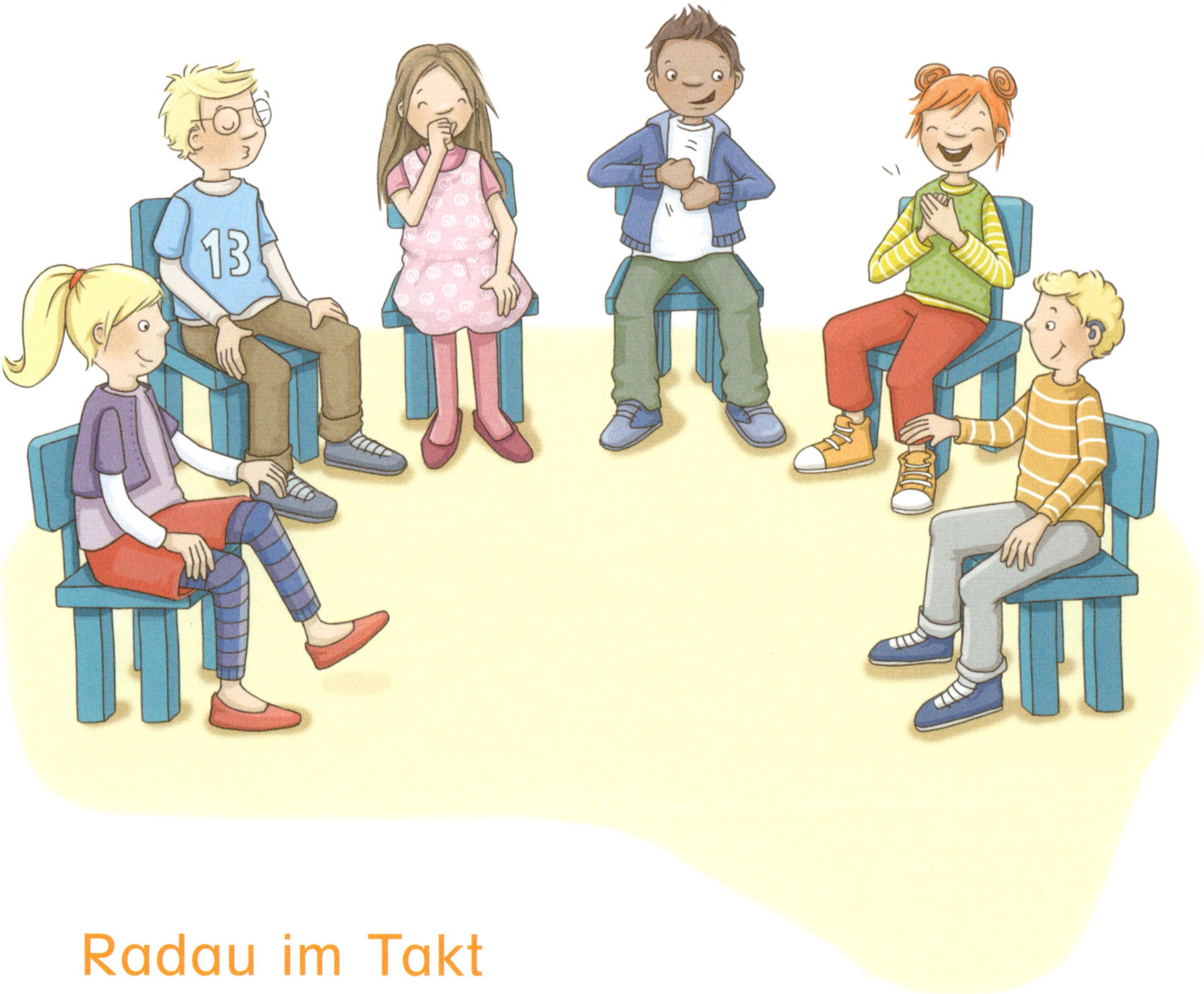

Radau im Takt

Ella trampelt den Takt.
Ole ploppt laut mit den Lippen.
Laura pustet in die Faust.
Ali trommelt auf den Rippen.
Lea klatscht, Laurin patscht.

Radau-Rap

Schli schla schlau
ein Auf-tritt, schau!
Lau-ter Radau!
Si sa sause
lau-schen – Pau-se!
Dann auf einmal aus,
rauschender Applaus.
Ri ra raus!

Du kannst auch mit deinem Körper
Musik machen:
Du kannst klatschen, schnipsen,
klappern, schnalzen, schnarchen,
zischen, stampfen, klopfen
und noch viel mehr.
Sprich dazu im Takt den Radau-Rap.

H h

Hand-Kino

Ole hat einen Karton.
Helena soll ein rundes Loch
hinten in die Pappe schneiden.
Dann holt Lea ein paar kleine Sachen.
Alle Sachen kommen
in den Karton hinein.

Ole soll die Sachen ertasten.
Er kann sie nicht sehen.
Helena meint: Pass auf!
Ole traut sich. Er tastet eine Maus
und ein Monstermaul mit Fell.
Huch! Eine Menschenhand!
Kann das sein?

Heimlich hat Helena ein zweites Loch
in den Karton geschnitten.
Lea hat von hinten ihre Hand
in den Karton geschoben.
Deshalb hat Ole eine Hand getastet.

Was ertastet Ole noch?

B b

Bela ist blind

Die Kinder sollen nicht sehen.
Deshalb haben sie
besondere Brillen auf.
Blind sollen sie alles schaffen.
Das ist nicht leicht.
Aber Bela kann helfen.

Bela ist immer blind.
Aber er kann allein
durch die Schule laufen.
Er kann seine Schuhe binden
und sich ein Brot machen.
Bela kann auch lesen.
Er kann die Schrift ertasten.

> Blinde Menschen haben sich
> besondere Hilfen ausgedacht:
> Wenn sie ein Glas füllen, halten sie
> den Daumen an den oberen Glasrand.
> So merken sie, wenn das Glas voll ist.
>
> Schließe die Augen und probiere es aus.

Z z

Zitronen-Herz

Alle lachen herzlich.
Nur Ella kann nicht lachen.
Im Moment hat sie kein Herz in der Brust,
sondern eine Zorn-Zitrone.
So sauer ist sie!

Im Zorn kann sie nur noch fauchen
und fluchen und beben.
Da kommt Lea hinzu.
Lea hat
ein besonderes Herz
in der Hand.

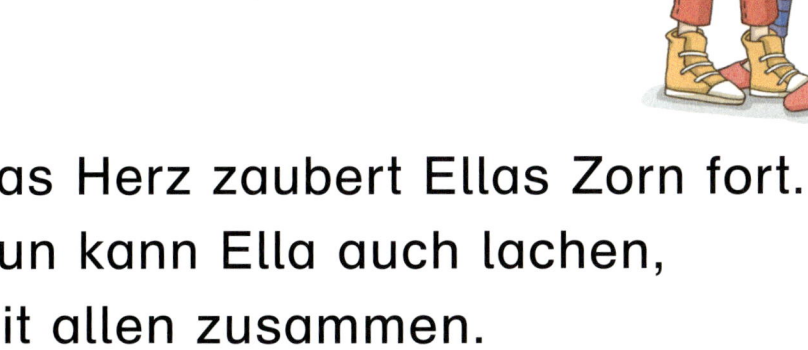

Das Herz zaubert Ellas Zorn fort.
Nun kann Ella auch lachen,
mit allen zusammen.

Das Herz ist ein Muskel.
Es pumpt das Blut durch den Körper.
Ein Kinderherz schlägt 100-mal in einer Minute.
Wenn du zornig oder aufgeregt bist,
schlägt dein Herz schneller.

Was hilft dir, wenn du zornig bist?

So macht es Quiesel

Einen Text auswendig lernen

Ich lese den Text. Ich finde passende Bewegungen.

Ich begleite den Text mit passenden Bewegungen.

Ganz oben ist der Kopf
und auf ihm sind die Haare.

Wir sehen mit dem Auge
und riechen mit der Nase.

Darunter ist der Mund,

wir hören mit dem Ohr

und haben 28 Zähne.

Wir singen jetzt im Chor!

Achim Oppermann, Florian Bauer, Gaby Casper
(gekürzt)

Der Natur auf der Spur

Friedensreich Hundertwasser

Der alte Baum

Zwischen den Hochhäusern steht ein alter Baum.
In seiner Baumkrone leben viele Vögel.
Ein Vogel fliegt gern auf Maries Fensterbrett.
Er trippelt umher und schaut in ihr Zimmer.
Oft sitzt er auf einem Ast vor dem Fenster und zwitschert.
Das kleine Mädchen freut sich über den schönen Gesang.
Der alte Mann in der Wohnung darunter
kann das Lied sogar nachflöten.

Eines Tages stellt Oma Stippel sich einen Stuhl
unter den Baum.
Hier genießt sie den Schatten unter der Baumkrone.
Als sie ins Haus geht, setzt Marie sich auf den Stuhl.
Sie hört, wie die Blätter rascheln.
Sie schließt die Augen und lauscht dem Gesang der Vögel.
Als Oma Stippel zurückkommt, holen sie einen zweiten Stuhl.
Welch' ein wundervoller Ruheplatz in der großen Stadt.

Der alte Mann geht an ihnen vorbei,
grüßt und schmunzelt.
Am nächsten Morgen steht
eine kleine blaue Bank
unter dem Baum ...

Gabriele Hinze

W w

Natur-Beobachter

Die Kinder wandern zum nahen Wald.
Am Himmel schweben Wolken.
Die Kinder beobachten die Form der Wolken.
Ole findet einen Wal.
Lea erkennt einen Schwan.
Ella macht ein Foto.

Dann suchen die Kinder Blumen.
Sie wollen einen Naturbericht schreiben.
Ole schreibt auf, welche Blumen er findet.
Die rote Taubnessel ist am Waldrand.
Dicht daneben findet er Huflattich.

Im Naturtagebuch schreiben
die Kinder auf, was sie gesehen haben.

Im März:
Die rote Taubnessel hat lila Blüten.
Das Scharbockskraut blüht gelb.

Suche die Blumen in einem Bestimmungsbuch.

G g

Das Gewitter

Am Himmel bilden sich graue Wolken.
Es donnert und kracht laut.
Ein heftiges Gewitter!
Lea und Ole beobachten das Wetter.
Es regnet und hagelt.
Nun wird es heller.
Dann zeigt sich sogar die Sonne.
Am Himmel erscheint ein Regenbogen.

Die Kinder gehen in den Garten.
Die Wege im Garten sind ganz nass.
Auf dem Weg bewegt sich etwas.
Es ist ein Regenwurm.
Er kommt aus der Erde,
weil der Regen auf den Boden trommelt.

Lea legt den Regenwurm auf den Boden.
Schnell kriecht er zurück in die Erde.
Auf seinem Weg lockert er den Boden auf.
Dabei frisst er Erde und Reste von Pflanzen.
Er kann sogar Blätter in die Erde ziehen,
um sie später zu fressen.

Pf pf

Ella lernt reiten

Seit einigen Wochen nimmt Ella Reitunterricht.
Sie kann nun auch ein Pferd pflegen.
Die Hufe und das Fell sollen immer sauber sein.
Ella kann das Halfter um den Kopf legen.
So kann sie das Pferd auf die Koppel begleiten.
Ein Pferd braucht andere Pferde,
Pflege und Auslauf.

Zum Reiten sattelt Ella das Pferd.
Das Halfter wird gegen eine Trense getauscht.
Ella reitet das Pferd im Schritt.
Nach dem Reiten lobt Ella das Pferd.
Sie gibt dem Pferd einen Apfel.

Im Mai fährt Ella mit ihren Eltern nach Dülmen.
Dülmen liegt in Nordrhein-Westfalen.
Im Naturschutzgebiet kann man
viele Wildpferde sehen. Diese Pferde werden
nicht von Menschen versorgt.

Erkundige dich, was Pferde fressen.

Der Löwenzahn

Ole ruft aufgeregt:
„Ich habe einen Löwen gesehen!"
Ali schaut ihn an.
„Komm mit!", sagt Ole.
Ali und Ole gehen zur alten Wassermühle.
„Dort ist er!", ruft Ole.
Ali kann den Löwen nicht sehen.
Ole nimmt eine grüne Pflanze
mit einer gelben Blüte.
„Und wo ist der Löwe?", fragt Ali.

Ole zeigt auf das Blatt der Pflanze.
„Das ist ein Zahn", sagt Ole.
„Die gelbe Blüte ist der Löwenkopf."
Ali muss lachen:
„Du meinst die Löwenzahnpflanze!
Dann fürchte ich mich überhaupt nicht."
Er nimmt eine Pusteblume und pustet.
Der Löwe löst sich in Luft auf.

Im Mai kann man auf den Wiesen
die großen gelben Blüten sehen.
Wenn sie verblüht sind,
bildet sich die Pusteblume.
Die Samen sitzen an kleinen Schirmchen.
Sie werden von dem Wind verteilt.
So entstehen neue Pflanzen.

Seite 80/81

Ein Ausflug in der Nacht

„Heute Nacht machen wir einen Ausflug",
sagt Leas Opa.
Die Kinder können das Abenteuer kaum erwarten.
Ole und Lea freuen sich.
Sie nehmen ihre neuen Taschenlampen mit.
Als es finster wird, gehen alle los.
Das Licht der Lampen scheint
auf den feuchten Waldweg.
Da! Ein Schatten bewegt sich.
Er schwebt dicht über dem Boden.
„Das war eine Schleiereule", sagt Opa.

Alle sind ganz leise und beobachten die Eule.
Lautlos gleitet die Schleiereule heran.
Die Kinder erkennen deutlich das helle Gesicht.
Die Eule schwebt dicht über dem Boden
und sucht nach Beute.
Mit den Krallen will sie zugreifen.
Doch die kleine Maus huscht schnell in ein Loch.

Eulen ruhen am Tag, weil sie kein Licht mögen.
In der Nacht gehen sie auf die Jagd.
Sie leben in Scheunen oder Ställen.
Eulen haben gute Augen und ein feines Gehör.

Finde heraus, was Schleiereulen fressen.

So macht es Quiesel

Informationen in einem Text finden

Ich lese den 1. Abschnitt.

Ich lese die 1. Frage.
Sie ist rot.

Ich lese den Abschnitt erneut.

Ich setze den roten Stein auf die passende Stelle.

Der Löwenzahn

○ Aus der gelben Blüte entsteht die Pusteblume. Das ist ein Ball aus lauter kleinen Samen.

○ Der Wind pustet die Samen weg.

○ Mit ihren kleinen Fallschirmen können die Samen weit fliegen.

○ Landen sie auf dem Boden, kann aus den Samen eine neue Pflanze wachsen.

Fragen zum Text
1. Was entsteht aus der gelben Blüte?
2. Wer pustet die Samen weg?
3. Womit können die Samen weit fliegen?
4. Wie entstehen neue Pflanzen?

Seite 76/77

Hier und anderswo

Silke Reimers

Wir reisen um die weite Welt

Wir reisen um die weite Welt,
so wie es uns gefällt.
Mit dem Finger auf der Karte,
– warte!

    Von Deutschland bis nach Afrika,
    schnell sind wir da.
    Wir sehen Zebras und Giraffen
    und auf den Bäumen auch noch Affen.

Am Südpol ist das Land ganz weiß,
die Pinguine geh'n auf Eis.
Im Wasser schwimmt ein großer Wal,
zwischen den Eisschollen, ohne Schal.

    Das Land Brasilien ist sehr nah,
    wir sind in Südamerika.
    Ein großer Fluss fließt quer durchs Land,
    der Amazonas ist bekannt.

Hier wächst ein dichter Regenwald,
mit Riesenbäumen hoch und alt.
Der Finger sucht nun Panama,
bald sind wir in Amerika.

    Wie kann die Reise weitergehen?
    Du musst nur auf die Karte sehen.

Gabriele Hinze

- das Gedicht lesen, die beschriebenen
  Orte und Tiere auf der Karte suchen
- von eigenen Erlebnissen berichten

J j

Jin aus Japan

Hallo! Ich bin Jin.
Ich wohne
in dem Ort Kitami.
Kitami ist auf der Insel
Hokkaido in Japan.

Unser Haus ist aus Beton.
Früher war
jedes japanische Haus
aus Holz.

Ein Zimmer bei uns ist
japanisch eingerichtet.
Darin sind kaum Möbel.
Der Boden ist
mit Tatami ausgelegt.
Tatami sind Binsenmatten.
In dem Raum bereiten wir
unseren Tee zu.

Wir essen oft Reis.
Dazu gibt es Fisch,
Gemüse oder Tofu.
Manchmal gibt es *Sushi*.
Das sind kleine Happen
aus Reis und rohem Fisch
oder Gemüse.

Nachmittags übe ich Judo,
eine japanische Kampfkunst.
Judo bedeutet: der sanfte Weg.

Ich schaue gerne *Anime*.
Das sind japanische Filme
aus gezeichneten Bildern.
Kennst du die Serie
„Pokémon"? Sie ist auch
ein *Anime* aus Japan.

ie

Urlaub in Griechenland

Alma ist mit ihrer Mutter in Griechenland.
Dort besucht sie jeden Tag Joannis auf der Wiese.
Joannis ist sieben Jahre alt. Deutsch kann er kaum.
Oft hütet er die Schafe und Ziegen seiner Familie.
Seine liebste Ziege ist Katsika.
Morgen fliegt Alma wieder nach Hause.
Zum Abschied gibt es ein Fest.
Joannis zeigt Alma, wie man Sirtaki tanzt.
Das ist ein griechischer Tanz, der immer schneller wird.
„Wirst du mir Briefe schreiben?", fragt Alma.
Joannis umarmt sie.

β

Alma kommt aus der Schule.
Die Mutter begrüßt sie mit einem Brief in der Hand.
Alma reißt den Briefumschlag auf
und macht große Augen:
„Was soll das heißen?", ruft sie.

> Αγαπητή Αμελί,
> τι κάνεις;
> Θυμάσαι ακόμα πώς χορεύεται το Συρτάκι;
> Εδώ δεν έχει άλλο τόση ζέστη όπως τον Αύγουστο.
> Η γλυκιά μου κατσίκα έσπασε το πόδι της.
> Μπορείς επίσης να μου γράψεις ένα email.
> Θερμά χαιρετίσματα από την Ελλάδα,
> ο Γιάννης σου

Gut, dass Mama Griechisch kann.
Sie liest:

Liebe Alma,
was machst du?
Weißt du noch, wie man Sirtaki tanzt?
Hier ist es nicht mehr so heiß wie im August.
Meine süße Katsika hat sich den Fuß gebrochen.
Du kannst mir auch eine E-Mail schreiben.
Liebe Grüße aus Griechenland
dein Joannis

Sp sp

Spiele aus aller Welt

Alle Kinder auf der Welt spielen gerne.
Es macht ihnen Spaß.
Manche Kinder basteln aus alten
und gefundenen Sachen Spielzeuge.
Ismail aus Marokko kann Figuren flechten:
Er nimmt ein gespaltenes Palmenblatt
und flechtet es zu einem besonderen Tier.
Wird es eine Spinne? Wird es ein Gespenst?

Welches Tier hat Ismail geflochten?
Welche Sprache spricht das Tier?
Was spielt es gerne?

St st

Stein-Spiele

Steine gibt es überall auf der Welt.
Kali aus Kamerun kennt ein spannendes Spiel.
Zusammen mit ihren Freunden
Sarel und Kamil sammelt
sie am Strand und auf der Straße
unterschiedliche Steine.
Jedes Kind legt sich 20 Steine bereit.
Alle Steine werden nun zu einem Berg gestapelt.
Wenn ein Stein wieder herunterrollt,
muss das Kind eine Runde warten.
Der Spieler, der zum Schluss den Stein auflegt,
ist König der Steine.

Manchmal spielen die Kinder
auch *Stein-Domino*.
Du brauchst 18 gleichgroße,
glatte Steine und Stifte.
Spüle den Staub ab.
Gestalte die Steine
mit den Stiften so,
dass ein Domino entsteht.

Welches Spiel spielst du gern draußen?

Qu qu

Die Feuerqualle

Ella tobt in den Wellen. Auf einmal schreit sie laut auf.
An Ellas Bein kleben Tentakel einer Qualle.
Sie sehen wie durchsichtige Schnüre aus.
Die Tentakel liegen quer über Ellas Bein.
Quentin kommt schnell hinzu.
Er ist Ersthelfer und weiß, was zu tun ist:

„Das war eine kleine Feuerqualle", sagt er.
Behutsam gibt Quentin Rasierschaum auf Ellas Bein.
Dabei passt er auf,
dass er die Tentakel nicht reibt oder quetscht.
Nach wenigen Minuten schabt er den Schaum
und die Tentakel gründlich mit einer Plastikkarte ab.

Ella atmet auf. Die schlimmste Qual ist zu Ende.
Auf Ellas Haut haben sich kleine Quaddeln gebildet.
Quentin meint: „Du musst das Bein kühlen.
Ein leichtes Brennen wirst du auch morgen noch spüren."

Feuerqualle   Seewespe

Im Aquarium kannst du gefahrlos Quallen beobachten.
In den Tentakeln mancher Arten ist ein Gift enthalten.
Es kann bei Menschen zu großen Qualen führen.
Das giftigste Tier der Welt ist auch eine Qualle:
die Seewespe. Sie lebt an der Nordostküste Australiens.

Welche giftigen Tiere kennst du?

Vulkan

Vito ist vor vier Wochen nach Deutschland gekommen.
Nun geht er in die erste Klasse.

Die Kinder lernen heute den Buchstaben **V v** kennen.
Die Lehrerin Frau Vogt zeigt dazu einen Versuch.
Aus Sand formt sie einen Berg mit einem Loch oben.
Sie schiebt von oben eine kleine Vase
in das Loch.
In die Vase schüttet sie weißes Pulver.
Vorsichtig gießt sie rote Flüssigkeit dazu.
Kurz darauf strömt viel roter Schaum
schnell aus dem Berg heraus.

Vito ruft aufgeregt: „*Vulcano Vesuvio!*"
Viele Kinder lachen.
Die Lehrerin sagt: „*Vulcano Vesuvio* ist Italienisch
und heißt der Vulkan Vesuv.
Der Vesuv ist ein Vulkan in Italien.
Vito kommt aus Neapel. Das liegt ganz nah am Vesuv."

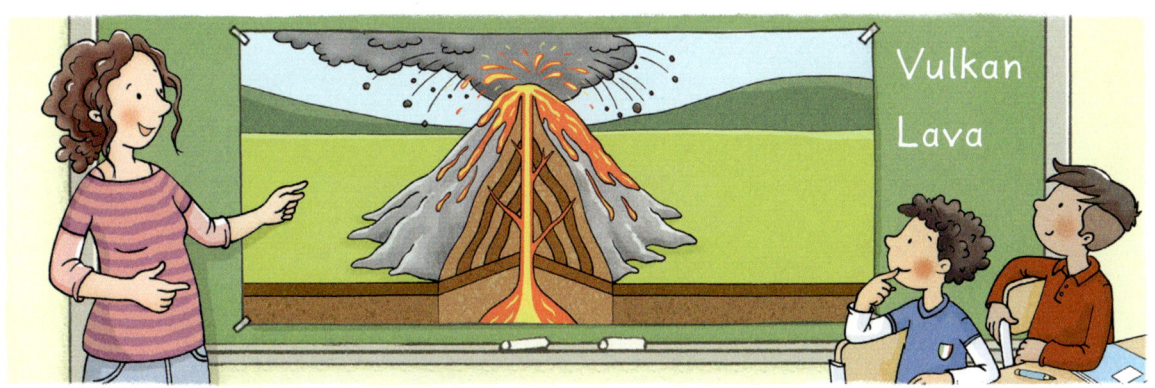

Frau Vogt sagt:
„Ein Vulkan entsteht, wenn das heiße, flüssige Gestein
aus dem Schlot als Lava herauskommt.
Wenn die Lava abkühlt, wird sie zu hartem Gestein."

Die Kinder malen nun einen Vulkan, der Lava speit.
Ersel stupst Vito an und sagt:
„Auf Türkisch heißt Lava *lav*."
Vito versteht. „Lava *lav*!", sagt er und lacht.

Welche Sprachen gibt es in deiner Klasse?

So macht es Quiesel

Einen kurzen Vortrag vorbereiten

Ich lese den Abschnitt
noch einmal genau.

Ich finde
die wichtigen Wörter.

Ich lese die nächsten
Abschnitte und male dazu.

Ich übe.
Ich nutze meine Notizen.

Wir essen oft Reis.
Dazu gibt es Fisch,
Gemüse oder Tofu.

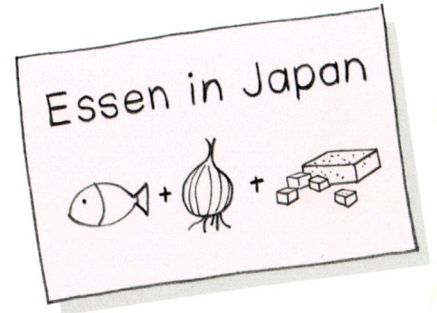

Manchmal gibt es *Sushi*.
Das sind kleine Happen
aus Reis und rohem Fisch
oder Gemüse.

So halte ich einen Vortrag
- Ich spreche laut genug.
- Ich stehe still.
- Ich sehe die anderen Kinder an.

Seite 84/85

In der Medienwelt

Jan von Holleben

Ring, tipp, tapp

Ring, ring, ring, das Telefon,
diese Töne kenn ich schon.
Wer will heute mit dir reden
und – weswegen?

    Der Computer, tipp, tipp, tipp,
    hält dich durch das Internet fit.
    Hast du Fragen schnell und prompt
    www. – die Antwort kommt.

Tapp, tapp, tapp, der Zeitungsmann,
kommt mit neuen Infos an.
Was in Stadt und Land passiert,
lies es, wenn's dich interessiert.

    Pfeift der Wind durch Wald und Hecke,
    kuschele dich in deine Decke.
    Nimm ein schönes Buch zur Hand,
    träum' dich in ein fernes Land.

Nur ein Knopfdruck, tippe schnell,
auf dem Bildschirm wird es hell.
Dieser Film gefällt dir nicht,
du schaltest um – doch findest nichts.

    Da hörst du lieber mal Musik,
    du singst laut mit bei jedem Stück.
    Du merkst nicht, wie die Zeit vergeht.
    O je! Jetzt ist es schon so spät.

Gabriele Hinze

- zum Bild erzählen
- das Gedicht mit Bewegungen und Geräuschen lesen und aufnehmen

ng

Eine Zeitung für Kinder

Alle Kinder haben die Aufgabe,
eine Zeitung für Kinder mitzubringen.
Leas Eltern lesen die Tageszeitung.
Seit einigen Wochen versucht Lea,
auch in der Zeitung zu lesen.
Es gibt eine besondere Seite für Kinder,
die mitreden wollen.
Auf dieser Seite sind Nachrichten so geschrieben,
dass Kinder sie gut verstehen können.

Meine W-Frage

Warum dienen Igel-Stacheln der Tarnung? Ihre Stacheln schirmen den Igel nicht nur ab, sondern tarnen die Tiere auch gut. Die Pikser sind an ihrem Anfang und Ende hell, dazwischen sind sie schwarz-braun geringelt. Wenn die Igel in der Finsternis durch das Unterholz streifen, sind sie damit nur schwer zu erkennen. Feinde der Igel sind Eulen, Dachse und Füchse. Spürt ein Feind den Igel auch mit der Tarnung auf, rollt er sich schnell zu einer Kugel zusammen. Igel haben etwa 5000 Stacheln. Die sorgen dann dafür, dass sich der Angreifer eine blutige Nase holt.

Susanne Hoffmann
(gekürzt, verändert)

Ella ist krank

Ella muss heute zu Hause bleiben.
Das findet sie ziemlich langweilig.
Ellas Mutter hat eine Idee.
Sie nimmt das alte Radio vom Schrank
und schaltet es ein. Es funktioniert noch.
Sie sucht nach einem bestimmten Rundfunk-Programm:
Mikado, das Kinderradio!

In der Sendung geht es heute um einen besonderen Zoo.
Der Zoo gehört zu einer Schule.
Hier gibt es Kaninchen, Zebrafinken, Schildkröten,
Hühner und viele andere Tiere.
Die Tiere werden von Kindern versorgt.
In jeder Pause können die Kinder sich
um die Tiere kümmern. Sie pflegen und füttern sie
und reinigen auch ihre Gehege.
In der Sendung werden Fragen
von Zuhörern beantwortet.

Ella möchte wissen,
wer die Tiere
in den Ferien versorgt.

Märchenstunde in der Bücherei

Ella und Lea sind am Nachmittag in der Bücherei.
Eine Märchen-Erzählerin liest Märchen
aus fremden Ländern vor.
Die Mädchen kennen
viele Märchen, zum Beispiel
Hänsel und Gretel
oder *Rotkäppchen*.

Die Märchen-Erzählerin hält ein prächtiges Buch
in den Händen. Die beiden Mädchen
und viele andere Kinder hören neugierig zu.
Die Märchen-Erzählerin beginnt die Geschichte:
„Das hässliche Entlein.
Es war so herrlich draußen auf dem Lande.
Der Sommer war da …".
Die Kinder lauschen gespannt dem Märchen.

Kennst du das Märchen vom hässlichen Entlein?
Welche Märchen kennst du noch?

Ronja Räubertochter

Lea hat sich ein Hörbuch ausgeliehen:
Ronja Räubertochter von Astrid Lindgren.
Den Film hat sie schon im Fernsehen gesehen.
Sie kuschelt sich im Wohnzimmer
auf das Sofa und schaltet das Gerät ein.
Nach einer Weile wird Ella müde und schläft ein.

Sie läuft durch einen Wald mit großen Bäumen.
Es ist sehr finster.
Lea hört ein unheimliches Geräusch.
Schnell läuft sie weiter.
Vor sich sieht sie Ronja.
Gemeinsam laufen sie zur Mattisburg.
Mit einer Räuberleiter hilft Lea Ronja
über die Mauer der Burg.
Doch wie soll Lea in das alte Gemäuer kommen?
Sie ruft laut: „Ronja, Ronja!"

Jemand schüttelt ihre Schulter.
Ella wird wach.
Mama schaut sie erstaunt an.
„Mama, ich habe geträumt.
Ich war bei Ronja."

- den Text lesen
- ein bekanntes Kinderbuch lesen
- mediale Adaptionen kennen

Fö KV 128–130

AH Teil B, S. 73–74
LMH, S. 50,
KV 91

Computer früher und heute

Computer gibt es schon seit vielen Jahren.
Der Commodore 64 war der erste Computer,
der nicht so teuer war. Er konnte deshalb auch zu Hause
angeschafft werden. Er wurde auch C 64 genannt.
Bis dahin wurden Computer meistens
in Firmen gebraucht.
Mit dem C 64 konnten Menschen schreiben
und speichern, aber auch einfach nur spielen.
Der C 64 war noch recht groß und langsam.
Heute sind die Computer leichter, kleiner und schneller.
Auch ein Tablet kann viele Dinge,
die ein Computer kann.
Ein Tablet ist klein, leicht und passt in eine Tasche.

So sah der C 64 aus:

Wie sehen Computer heute aus?
Was hat sich verändert?

Leon, das Chamäleon

Kennt ihr die Sendung
Paula und die wilden Tiere?
Paula ist Tier-Reporterin
und in der ganzen Welt
unterwegs.

Heute ist sie in Kenia.
Hier hat sie die Chance,
den Meister der Verwandlung
zu treffen: das Chamäleon.
Langsam schiebt sich
das giftgrüne Tier
über die staubige Landstraße.

Damit es nicht überfahren wird,
bringt Paula das Tier an einen sicheren Ort.
Sie gibt ihm noch schnell einen Namen: *Leon*.
Das Wort *Chamäleon* kommt nämlich
aus dem Griechischen und bedeutet *Erdlöwe*.
Mit den Hörnern am Kopf, dem schuppigen Panzer
und dem langen Schwanz sieht es aus
wie ein kleiner Dinosaurier.

tz

Lesen wie der Blitz

Heute dürfen die Kinder der 1a die Tablets
der Schule benutzen. Doch vorher erklärt
die Lehrerin Frau Metz, worauf sie achten müssen.
Jetzt dürfen die Kinder die App starten.
Ole und Lea entscheiden sich für das Spiel
Lesen wie der Blitz.
Ein Wort blitzt nur kurz auf.
Die Kinder müssen entscheiden, welches Wort passt.

Lea tippt mit dem Finger
auf das Wort *Katze*.
Das war spitze!
Für jedes
richtig gelesene Wort
gibt es eine Goldmünze
für die Schatzkiste.

Sie checken es!

Die Checker Can, Tobi
und Julian haben ein Ziel:
entdecken, wie die Dinge laufen!
Es gibt jede Menge
knackige Fragen, die die Freunde
beantworten möchten.

Sie stellen zu Beginn jeder Folge spannende Checker-Fragen.
Die Antworten gibt es dann in der Sendung.
Dafür sitzen die Checker schon mal mit einem Piloten
im Cockpit oder sehen zu, wie man Zeichentrickfiguren
am Computer zum Leben erweckt.
Die Checker stellen Fragen, die neugierig machen:
- Was ist ein Ackja?
- Warum heißt die Achterbahn „Achterbahn"?
- Wie kommt der Strom in die Steckdosen?

Sie machen sich auf die Suche nach Antworten.
Und am Ende heißt es: Gecheckt!
Bei ihren Abenteuern kannst du ihnen
im Fernsehprogramm Kika oder im Ersten
in der Entdeckershow für Kinder zuschauen.

- Er fließt vom Kraftwerk über Leitungen und Kabel zur Steckdose.
- Weil sie wie eine liegende Acht aussieht.
- Es ist der Rettungsschlitten der Bergwacht.

Y y

Mein Hobby

Lea, Ella und Ole machen eine Befragung
zum Thema *Mein Hobby.*
Sie haben sich das Handy von Oles
großer Schwester Lynn ausgeliehen.
Damit können sie die Befragung aufnehmen.

Zuerst fragen sie Lynn nach ihrem Hobby.
„Mein Hobby ist mein Pony Ronny.
Das macht mir viel Spaß."

Dann befragen sie noch Oles Mutter.
Sie ist Trainerin im Turnverein.
„Meine Hobbys sind Yoga
und meine Turngruppe.
Die Kinder aus der Turngruppe
üben gerade eine Pyramide aus Menschen."
Lea fragt: „Eine Pyramide aus Menschen?
Dürfen wir uns das ansehen?"
Oles Mutter antwortet: „Ansehen?
Ihr dürft auch gern mitmachen!"

Seite 108/109

Ferne Galaxien

Ole besucht seinen Opa Max.
Opa Max putzt ein seltsames Gerät.
„Was ist das denn?"
„Das ist mein Teleskop.
Damit kann man
ferne Galaxien entdecken."
„Ferne – was?"
Opa schaltet das Tablet ein.
Im Internet finden sie eine Seite:
Lexikon der Astronomie.
Gemeinsam suchen sie das Wort *Galaxie*.
Opa liest vor:
„Eine Galaxie ist ein Haufen von Sternen im Weltall.
Diese Sterne sind weit entfernt und eigentlich Sonnen.
Es gibt Millionen von Sternen.
Der Stern, der uns am nächsten ist,
heißt *Proxima Centauri*.
Das Licht braucht von dort bis zu uns über 4 Jahre."
Ole ist begeistert und stellt eine Frage
nach der anderen. Opa Max hat eine Idee:
„Heute Abend können wir uns gemeinsam
den Sternenhimmel anschauen. Dann suchen wir
den Polarstern und den großen Wagen."

So macht es Quiesel

Ein Interview führen

Ich überlege mir Fragen.

Ich schreibe sie auf.

Ich überlege,
wen ich befragen will.

Ich überlege, wie ich
die Antworten sammele.

# Im Land der Fantasie

Marion Goedelt

Wer und was?

Wer und was und wo und wann?
Schau das Regal mit Büchern an!

Wer und was ist dieses Wesen,
fliegt auf einem Zauberbesen?

Wer und was und umgekehrt:
Jemand steht auf seinem Pferd.

Wer und was kommt da geflogen?
Ein mutiger Krieger hält den Bogen.

Wer und was steht dort am Strand,
hält einen Säbel in der Hand?

Wer und was fliegt leicht und froh
in das Reich des Pharao?

Wer und was sieht schaurig aus,
sitzt vor einem alten Haus?

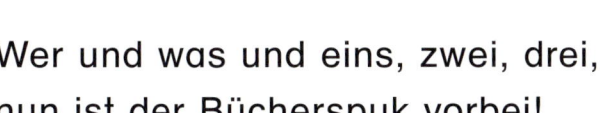

Wer und was hat da gebrannt?
Die Feuerwehr kommt angerannt.

Wer und was und eins, zwei, drei,
nun ist der Bücherspuk vorbei!

Gabriele Hinze

- zum Bild erzählen
- ein Gedicht lesen, mit Bewegungen begleiten

Die Vulkanos

Unheimliche Stille

Flambia darf bei Krato übernachten.
Doch etwas ist anders an diesem Morgen.
Flambia wälzt sich von einer Seite auf die andere.
Sie starrt an die Decke, sie starrt auf ihre Fußspitzen.
Sie pupst rosa Schäfchenwölkchen.
Schließlich hält sie es nicht mehr aus
und gibt Krato einen Stups.
Sofort sitzt Krato kerzengerade
in der Hängematte.
Der kleine Hausdrache Smok,
der auf Kratos Kopf geschlafen hat,
blinzelt verwirrt.
„Hier ist irgendetwas
ganz komisch",
flüstert Flambia
mit großen Augen.

Krato runzelt die Stirn und schielt nach links und rechts.
Seine Eltern schnarchen so laut im Chor,
dass ihre Hängematte wackelt.
Opa Vulko nuckelt am Daumen und lächelt im Schlaf.

Alles normal. Aber Flambia hat recht.
Irgendwas ist anders als sonst.
Und zwar draußen, im Tal der Vulkanos.
„Hörst du das auch?", fragt Krato.
„Was?" Flambia spitzt die Ohren.
„Na, nichts!" „Da draußen ist es ruhig.
Unheimlich ruhig", sagt Krato. „Der Fluss!"
Flambia hüpft
aus der Hängematte.
„Er rauscht nicht mehr!"

Franziska Gehm
(gekürzt, verändert)

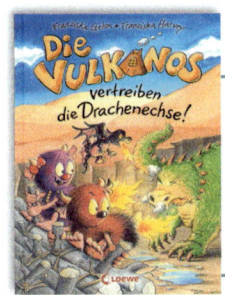

Was ist hier passiert?
Das kannst du in dem Buch
*Die Vulkanos vertreiben
die Drachenechse* nachlesen.

· Figuren aus der Kinderliteratur
  kennenlernen
· eine Ganzschrift lesen

Der fliegende Teppich

Ole liegt auf einem fliegenden Teppich.
Der Teppich bewegt sich im Flugwind.
Wenn Ole an den Fransen zieht,
wird der Teppich schneller und schneller.
Das Fliegen macht ihm großen Spaß.
Ole möchte gern nach China reisen.
Er flüstert es dem Teppich zu.
Der Teppich wendet und fliegt los.
Er fliegt immer höher und schneller
über viele verschiedene Länder und Meere.
Schließlich bremst der Teppich
und landet neben einem großen weißen Chamäleon.
„Ich heiße Luan. Ich begrüße dich
in meiner Heimat China", sagt das Chamäleon.
„Komm mit auf mein Floß.
Ich zeige dir mein Land."

Schnell rollt Ole seinen Teppich ein
und stößt das Floß vom Ufer ab.
Luan gießt Ole einen Tee ein.
Dazu gibt es exotische Früchte.
Sie fahren weiter über den Fluss.
Dabei kommen sie an heißen Quellen
und unheimlichen gefräßigen Drachen vorbei.
Ein Drache reißt sein riesiges Maul auf ...
„Da bist du ja! Ich habe dich schon überall gesucht!"
Ole schlägt die Augen auf
und schaut sich erleichtert um.
„Oma? Du bist es!"
Er reibt sich verschlafen die Augen.
„Wie gut, dass alles nur ein Traum war", denkt Ole.

· Text lesen, verstehen
· die Geschichte nacherzählen
· über eigene Träume berichten

Snuffi Hartenstein

Das ist Snuffi Hartenstein.
Er ist traurig. Und ziemlich sauer.
Und das mit Recht!

Snuffi seufzt.
Dann beginnt er seine Geschichte.
„Gleich wirst du verstehen,
warum ich so ein Gesicht mache.
Eigentlich gehöre ich
Niko Hartenstein.
Man kann sagen: Niko gehört mir.
Wir gehören einfach zusammen.
Deshalb heiße ich wie er."

„Nikos Eltern sind
ein bisschen komisch.
Die haben mich gar nicht gesehen."

„Ich dachte, wenigstens in der Schule
sind die Menschen schlauer."
Snuffi schüttelt den Kopf.
„Aber keiner hat mich gesehen.
Die Lehrerin nicht
und die anderen Schüler auch nicht.
Nur Niko hat mich gesehen.
Wir zwei haben immer alles zusammen
gemacht."

„Aber eines Tages kam ein neuer Junge in die Klasse."
Snuffi seufzt. „Das war Ole, dieser gemeine Typ."
„Nicht zu fassen: Niko fand diesen unverschämten Ole auch noch nett! Die wurden richtige Freunde.
Von da an haben die beiden alles zusammen gemacht."
„Mich hat Ole überhaupt nicht bemerkt!", schimpft Snuffi.
„Und leider hat mein Niko mich auch immer weniger beachtet.
Der war ständig mit diesem doofen Ole zusammen."

„Stell dir vor: Am Ende
hat Niko mich weggeschickt.
Einfach weggeschickt",
jault Snuffi.

Paul Maar
(gekürzt, verändert)

Wie es weitergeht, erfährst du in dem Buch *Snuffi Hartenstein* von Paul Maar.

· Figuren aus der Kinderliteratur kennenlernen
· die Geschichte weitererzählen

Spinnengift und Krötenschleim

Die magische Rutsche

„Ich gehe auf den Spielplatz!",
ruft Oskar seiner Mutter zu.
Der Spielplatz ist gleich um die Ecke.
Kein Kind ist heute zu sehen.
„Ferien sind langweilig!", denkt Oskar.
Plötzlich sieht er,
wie es im Gebüsch silbern schimmert.
Neugierig guckt sich Oskar das genauer an.
Da ist ein Loch zwischen den Ästen.
Und durch das Loch führt eine silberne Rutsche hinab.
Die Rutsche kennt er gar nicht. Die muss neu sein!
Oskar denkt nicht lange nach. Er setzt sich auf die Rutsche,
und mit einem Schwung geht es hinunter. Hui!

Auf einmal ist die Rutsche zu Ende.
Oskar landet mit einem Plumps auf weichem Moos.
Und genau vor ihm steht
ein kleines Haus.
Alles an dem Haus ist schief:
die Wände, die Fensterläden,
sogar die Tür.
Plötzlich geht die Tür auf.
O, nein!

Nun weiß Oskar Bescheid:
Es ist ein Hexenhaus!
Eine echte Hexe kommt heraus.
Das sieht er sofort.
Sie hat ein grünes Gesicht
mit einer krummen Nase.

„Heiliger Krötenschleim!", kreischt die Hexe.
„Was für ein Ungeheuer!"
„Ein Ungeheuer? Wo?", ruft Oskar.
Erschrocken sieht er sich um.
Die Hexe zeigt auf Oskar. „Na, du!"
Sie starrt ihn an.
„Ich?", fragt er.
„Ich bin doch ein Mensch!", erklärt Oskar.
„Ach so!", sagt die Hexe.
Sie kratzt sich heftig an der Nase.
„Einer von diesen Menschen.
Komische Wesen! Ich bin Grünelda."
Grünelda geht einen Schritt auf Oskar zu.
Oskar macht einen Satz zurück.
„Hast du etwa Angst
vor mir?", fragt sie.
Sie klingt plötzlich traurig.

Seite 120 / 121

Lies selbst die spannende Geschichte
Spinnengift und Krötenschleim.

Uli Leistenschneider
(gekürzt, verändert)

So macht es Quiesel

Einen Text vorlesen

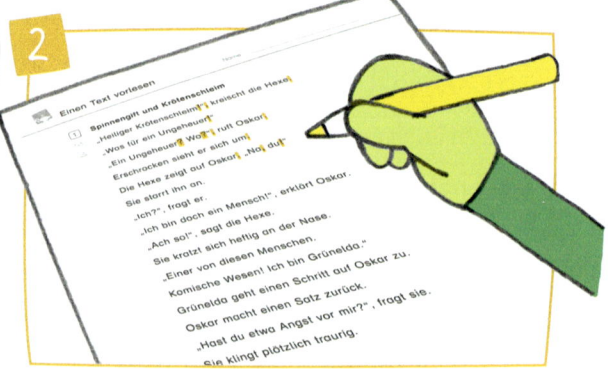

Ich markiere die Zeichen am Satzende: . , ? !

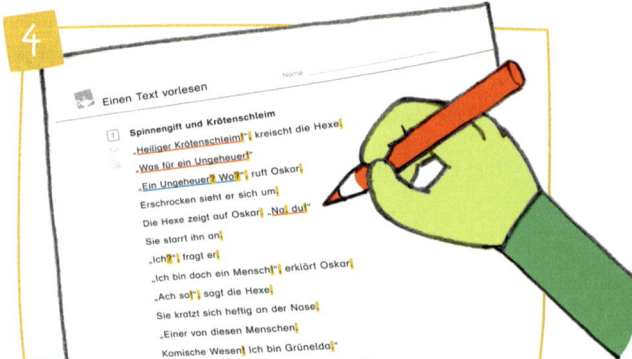

Ich unterstreiche, was jemand spricht.

Spinnengift und Krötenschleim

„Heiliger Krötenschleim!", kreischt die Hexe.
„Was für ein Ungeheuer!"
„Ein Ungeheuer? Wo?", ruft Oskar.
Erschrocken sieht er sich um.
Die Hexe zeigt auf Oskar. „Na, du!"
Sie starrt ihn an.
„Ich?", fragt er.
„Ich bin doch ein Mensch!", erklärt Oskar.
„Ach so!", sagt die Hexe.
Sie kratzt sich heftig an der Nase.
„Einer von diesen Menschen.
Komische Wesen! Ich bin Grünelda."
Grünelda geht einen Schritt auf Oskar zu.
Oskar macht einen Satz zurück.
„Hast du etwa Angst vor mir?", fragt sie.
Sie klingt plötzlich traurig.

Uli Leistenschneider
(gekürzt, verändert)

- die Methode kennenlernen und anwenden
- Rückmeldung geben

Durch das Jahr

Branimir Georgiev

Das Jahr

warm
die Sonne
Wiese mit Blumen
Vögel zwitschern am Himmel
Frühling

heiß
die Luft
Eis am Stiel
wir sitzen im Schatten
Sommer

kühl
der Wind
bunte Drachen steigen
Blätter fallen vom Baum
Herbst

kalt
der Frost
weiße Flocken tanzen
wir zünden Lichter an
Winter

Kirsten Bruhn

- zum Bild erzählen
- Besonderheiten der Jahreszeiten beschreiben

Blätterfall

Blätterfall, Blätterfall,
bunte Blätter überall.
Raschel, raschel, es wird kalt,
und der Schnee bedeckt sie bald.
Blätterfall, Blätterfall,
bunte Blätter überall.

Volksgut

Ein Mandala

- Sammelt alle mit!
- Ordnet ein rundes Muster an!

Eine tolle Idee!

Nebel

Ich stehe am Fenster und schaue hinaus.
Seht doch: Verschwunden ist Nachbars Haus.
Sagt: Wo ist die Straße, wo der Weg?
Wo sind die Häuser, wo der Steg?
Der Nebel bleibt hängen, hat alles versteckt,
hat Straßen und Häuser ganz zugedeckt.

Ernst Kreidolf

Ein Adventskalender für die Klasse

Du brauchst:
- buntes Tonpapier
- Stift
- Schere
- Kleber
- Tüten aus Papier
- Band

So machst du es:

1. Male und schneide

2. Rolle auf.

3. Klebe alles.

4. Klebe den Nikolaus auf.

5. Nummeriert und füllt die Tüten. Hängt sie an einem Band auf.

- zu den Bildern erzählen
- eine Bastelanleitung lesen und die Schritte ausführen

Advent, Advent

Advent, Advent, ein Lichtlein brennt,
erst eins, dann zwei, dann drei, dann vier,
dann steht das Christkind vor der Tür.

Advent, Advent, ein Lämmlein rennt,
erst eins, dann zwei, dann drei, dann vier,
dann rennt die ganze Herde,
dann wackelt diese Erde.

Der Schäfer und sein Schäferhund,
die stehen da mit off'nem Mund,
der Schäfer staunt, der Hund, der bellt,
zur Weihnacht unterm Sternenzelt.

Fredrik Vahle

Warten auf den Nikolaus

Aus dem Fenster schau ich raus,
suche nach dem Nikolaus.
Ist das seine Zipfelmütze?
Nein, das ist die Kirchturmspitze!
Sieht das wie sein Rucksack aus?
Nein, es ist der Baum vorm Haus!
Dort sein Bart so lang und weiß.
Ist ein Zapfen ganz aus Eis!
Sieh' doch nur die Stiefel an!
Sie gehör'n dem Nachbarsmann.
Doch da winkt mir einer zu!
Nikolaus, ja das bist du!

Autor unbekannt

Ich bin ein kleiner Schneemann

1. Ich bin ein kleiner Schneemann
   Mit einem schwarzen Hut
   Und einer Rübennase
   Die steht mir wirklich gut
   Ich kann mich nicht bewegen
   Doch wenn mich keiner sieht
   Dann kannst du was erleben
   Pass auf, was dann geschieht

   Refrain
   Dann hüpfe ich mal hin, mal her
   Hüpfen fällt mir gar nicht schwer
   Hüpfe auch auf einem Bein
   Das kann doch nicht schwierig sein
   Dreh' mich dann im Kreis herum
   Das macht Spaß, das ist nicht dumm
   In die Hocke, seht mal an
   Was ein Schneemann kann

2. Ich bin ein kleiner Schneemann
   Mit einem dicken Bauch
   Die Knöpfe sind aus Kohle
   Mein Besen ist ein Strauch
   Ich kann mich nicht bewegen …

   Volker Rosin *(gekürzt)*

· das Lied singen, den Text einprägen
· den „Schneemanntanz" tanzen

KV 116

Ich freu mich auf den Frühling

Nach draußen laufen, Sonne fühlen,
zum ersten Mal im Sand rumwühlen,

mit Glitzerseifenblasen tanzen,
die ersten Frühlingsblumen pflanzen,

mich hinterm Lieblingsbusch verstecken,
den Spielplatz wieder neu entdecken,

nach meinem Igel Ausschau halten,
für Ostern bunte Hühner falten

und beim Zubettgeh'n immer denken:
Ob sie mir einen Hasen schenken?

Regina Schwarz

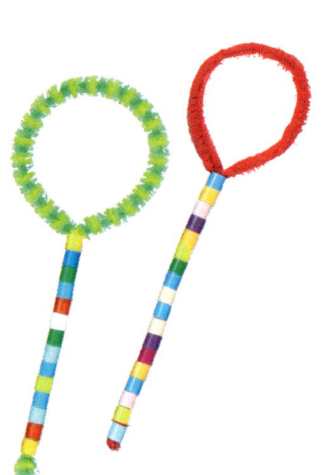

Ein Osterhuhn hat viel zu tun

Es war einmal
ein schneeweißes Huhn,
das hieß Lilli Pickadilli.
Es dachte, dass es klüger sei
als alle anderen Hühner.

Lilli Pickadilli hörte sich überall um,
was man als Osterhase alles können muss.
„Ich bin zwar kein Fachmann",
sagte der Stallhase, „aber du musst
die Eier bunt anmalen!"
„Du musst Nester bauen",
sagte die Amsel.
„Du musst die Eier gut verstecken!",
rief das Eichhörnchen.
„Aber auch nicht zu gut.
Sonst finden die Kinder sie erst an Weihnachten."
Lilli Pickadilli hatte keine Ahnung,
wo die Kinder wohnten.
„Kann ich dir helfen?",
fragte plötzlich jemand hinter ihr.
Lilli Pickadilli drehte sich erschrocken um.
„Weißt du denn, wo die Kinder wohnen?"
„Na klar, ich bin doch der Osterhase!"

Ursel Scheffler *(gekürzt, verändert)*

· die Geschichte lesen
· ein Ende für die Geschichte entwickeln,
  das Ende spielen, malen, schreiben

Zum Muttertag

Mama ist 'ne tolle Frau,
denn sie kennt mich ganz genau.
Ich mag, dass sie fest zu mir hält.
Sie ist die Liebste auf der Welt.

Zum Vatertag

Papa ist ein Supermann,
auf den ich mich verlassen kann.
Er irrt sich selten oder kaum,
auf ihn kann ich ganz fest vertrau'n.

- die Gedichte (vor-)lesen
- eine eigene Vatertags-/Muttertagsidee umsetzen

Sommer-Durstlöscher

Zutaten für 6 Gläser:
- 250 g Erdbeeren
- eine halbe kernlose Wassermelone
- Saft von zwei Limetten
- etwa 250 ml Mineralwasser
- Eiswürfel
- einige Blätter Minze

Zubereitung:
1. Erdbeeren waschen, putzen und kleinschneiden
2. Fruchtfleisch aus der Melone löffeln
3. Limetten auspressen
4. alles im Mixer fein pürieren, mit Eiswürfeln und Minze in einen Krug geben
5. mit Mineralwasser auffüllen

Wenn du es süß magst,
kannst du ein wenig Zucker dazugeben.

Fibel-Rallye

- Setzt eure Spielfiguren in das Startfeld.
- Legt eine Fibel zum Nachschlagen bereit.
- Würfelt abwechselnd. Wer auf ein Frage-Feld kommt, beantwortet die Frage. Ist die Antwort richtig, darf man 2 Felder vorrücken.
- Wer zuerst im Ziel ist, hat gewonnen.

START

Wer ist das?

Wie heißt der Esel?

Wer rast mit dem Roller los?

Wer hat die Perlen gestohlen?

Wen jagt Nero?

Was bastelt Lea für Ella?

Was sehen Ole, Lea und Opa?

- Womit nimmt Ole die Befragung auf?
- Was bedeutet „Chamäleon"?
- Was ist der Vesuv?
- Was entdeckt Oskar?
- Warum wird Snuffi weggeschickt?
- In welchem Land wohnt Jin?
- Wie viele Kapitel hat die Fibel?

ZIEL

- Leseaufgaben zur Fibel lösen
- sich mit dem Aufbau eines Buches beschäftigen

KV 121

Fibel

Erarbeitet von
Kirsten Bruhn, Sabine Gudat-Vasak, Gabriele Hinze, Bernadette Nabers, Daniela Reinker
auf der Grundlage der BAUSTEINE Fibel 2014 (14120), erarbeitet von
Kirsten Bruhn, Sabine Gudat-Vasak, Gabriele Hinze, Siegfried Müller, Bernadette Nabers, Daniela Reinker.
Unter Beratung von Ines Hölzel, Ann-Katrin Ostermann, Manja Stordel.

Illustriert von
Lars Baus (Kapitel 2, 6), Antje David (Kapitel 3, 5), Pia Eisenbarth (Kapitel 4, Seite 114–115),
Katja Jäger (Kapitel 8, 10), Silke Reimers (Seite 6–9, 82–83), Oda Ruthe (Seite 4–5, 10–13, Kapitel 7),
Franziska Kalch (Anlautbilder) und Angela Glökler (Quiesel, Seiten: So macht es Quiesel).

Abbildungsnachweis
|Alamy Stock Photo (RMB), Abingdon/Oxfordshire: Prisma by Dukas Presseagentur GmbH 85.2. |atelier2gestalten, Berlin: 40.1, 41.1, 41.2, 41.3, 41.4, 41.5. |Bohnstedt, Antje, Bretten: 81.1, 81.2, 81.3. |BRmedia Service GmbH, München: © BR/Kinder; in Lizenz der BRmedia Service GmbH 103.1, 105.1. |Bruhn, Kirsten, Neubrandenburg: 133.1, 133.2. |Franckh-Kosmos Verlags-GmbH & Co. KG, Stuttgart: Mit freundlicher Genehmigung des Kosmos Verlags: Uli Leistenschneider, Spinnengift und Krötenschleim, Bücherhelden. © 2018. 8.1, 118.1, 118.2, 119.1, 119.2, 119.3; Mit freundlicher Genehmigung des Kosmos Verlags: Ursula Stichmann-Marny, Was blüht denn da? Kindernaturführer © 2017, Franckh-Kosmos Verlags-GmbH & Co. KG, Stuttgart. 7.2, 71.4. |Georgiev, Branimir, Hamburg: 122.1, 123.1, 123.2, 123.3, 123.4, 123.5. |Getty Images, München: Manuel Breva Colmeiro Titel. |Goedelt, Marion, Berlin: 110.1, 111.1, 111.2, 111.3, 111.4, 111.5. |Gudat-Vasak, Sabine, Hanau: 89.1. |Hinze, Gabriele, Metelen: 88.1, 88.2, 88.3, 88.4. |Holleben, Jan von, Berlin: 96.1, 97.1, 97.2, 97.3, 97.4. |Hundertwasser Archiv, Wien: Werk 124 SINGENDER VOGEL AUF EINEM BAUM IN DER STADT, 1951. 2020 © NAMIDA AG, Glarus/Schweiz 68.1. |Interfoto, München: TV-Yesterday 102.1. |iStockphoto.com, Calgary: Alexandrum79 71.3; photovideostock Titel, Titel, Titel; Tinieder 71.1. |juniors@wildlife Bildagentur GmbH, Hamburg: Avalon 91.2; Dirscherl, R. 91.1. |Kempf, Susanne: 124.1, 124.2, 124.3, 124.4, 124.5, 124.6. |Loewe Verlag GmbH, Bindlach: Franziska Gehm, Franziska Harvey: Die Vulkanos vertreiben die Drachenechse. 2018. 8.2, 112.1, 112.2, 113.1, 113.2. |Müller, Hildgard, Ginsheim: Ursel Scheffler, Hildegard Müller: Lilli Pickadilli und der Osterhase, 1997. 131.1, 131.2, 131.3. |Orell Füssli Verlag, Zürich: Pamela Butchart, Becka Moor: Eine Klasse für sich - Haifischalarm! © 2017 Orell Füssli Sicherheitsdruck AG, Zürich 7.1. |Otmar Alt, Hamm: 28.1, 29.1, 29.2. |PantherMedia GmbH (panthermedia.net), München: REPTILES4ALL 103.2. |Ravensburger Verlag GmbH, Ravensburg: Stefan Greschik, Jochen Windecker: Vulkane. Wieso? Weshalb? Warum? ProfiWissen. Nr. 25. © 2019 8.4. |Reinker, Daniela, Metelen: 26.1, 27.1. |stock.adobe.com, Dublin: Breen, Natasha 85.1; brudertack69 71.2; Gallo, Paolo 84.3; jyapa 84.2; kwasny221 98.1; Paylessimages 84.1. |The Keith Haring Foundation, New York: Montreux Jazz Festival 1983, © Keith Haring Foundation 54.1. |Verlag Friedrich Oetinger GmbH, Hamburg: Paul Maar: Snuffi Hartenstein. 2018. 8.3, 116.1, 116.2, 116.3, 117.1, 117.2, 117.3, 117.4, 117.5, 117.6, 117.7. |Voets, Inge, Berlin: 67.1, 67.2, 67.3, 67.4. |Wefringhaus, Klaus, Braunschweig: 126.1, 126.2, 126.3, 126.4, 126.5, 130.1, 130.2, 130.3, 132.1, 132.2, 132.3. |© The Pokémon Company International, Hamburg: 85.3.

Wir arbeiten sehr sorgfältig daran, für alle verwendeten Abbildungen die Rechteinhaberinnen und Rechteinhaber zu ermitteln. Sollte uns dies im Einzelfall nicht vollständig gelungen sein, werden berechtigte Ansprüche selbstverständlich im Rahmen der üblichen Vereinbarungen abgegolten.

Quellennachweis
S. 55 Bauer, Florian/Casper, Gaby/Oppermann, Achim: Der Körperteil Blues © Edition Alocin/Edition Tao House, EMI Music Publishing Germany GmbH & Co. KG, Hamburg. S. 98 Hoffmann, Susanne: Meine W-Frage (gekürzt, verändert). In: Münstersche Zeitung Nr. 035 vom 11.02.2019. S. 112/113 Gehm, Franziska: Die Vulkanos. Unheimliche Stille (gekürzt, verändert). In: Die Vulkanos vertreiben die Drachenechse! Loewe Verlag GmbH, Bindlach, 2018, S.13–17. S. 116/117 Maar, Paul: Snuffi Hartenstein (gekürzt, verändert). In: Snuffi Hartenstein und sein ziemlich dicker Freund. Verlag Friedrich Oetinger GmbH, Hamburg, 2018, S. 8, 12, 14, 16, 18, 20, 22, 24, 26. S. 118/119/120/121 Leistenschneider, Uli: Spinnengift und Krötenschleim (gekürzt, verändert). Franckh-Kosmos Verlags-GmbH & Co. KG, Zürich, 2018, S. 4–6, 8–10, 12–13, 15. S. 125 Kreidolf, Ernst: Nebel. Schwätzchen, Bilder und Reime, Verlag Schaffstein, Köln, Dortmund, o. J. S. 127 Vahle, Fredrik: Advent, Advent © Aktive Musik Verlagsgesellschaft mbH, Dortmund. S. 129 Rosin, Volker: Ich bin ein kleiner Schneemann © Moon-Records-Verlag, Düsseldorf. S. 130 Schwarz, Regina: Ich freu mich auf den Frühling. München: Ellermann Verlag, 1995. S. 131 Scheffler, Ursel: Ein Osterhuhn hat viel zu tun (gekürzt, verändert). Loewe Verlag GmbH, Bindlach, 1997 (Lizenzausgabe: Verlag an der ESTE GmbH, Buxtehude 2014), S. 8, 18–21, 31–33.

westermann GRUPPE

© 2020 Bildungshaus Schulbuchverlage
Westermann Schroedel Diesterweg Schöningh Winklers GmbH, Braunschweig
www.westermann.de

Das Werk und seine Teile sind urheberrechtlich geschützt. Jede Nutzung in anderen als den gesetzlich zugelassenen bzw. vertraglich zugestandenen Fällen bedarf der vorherigen schriftlichen Einwilligung des Verlages. Nähere Informationen zur vertraglich gestatteten Anzahl von Kopien finden Sie auf www.schulbuchkopie.de.

Für Verweise (Links) auf Internet-Adressen gilt folgender Haftungshinweis: Trotz sorgfältiger inhaltlicher Kontrolle wird die Haftung für die Inhalte der externen Seiten ausgeschlossen. Für den Inhalt dieser externen Seiten sind ausschließlich deren Betreiber verantwortlich. Sollten Sie daher auf kostenpflichtige, illegale oder anstößige Inhalte treffen, so bedauern wir dies ausdrücklich und bitten Sie, uns umgehend per E-Mail davon in Kenntnis zu setzen, damit beim Nachdruck der Verweis gelöscht wird.

Druck A[1] / Jahr 2020
Alle Drucke der Serie A sind im Unterricht parallel verwendbar.

Redaktion: Jasmin Jasmer, Rebekka Musial
Umschlaggestaltung: Visuelle Lebensfreude, Hannover mit Illustrationen von Günther Jakobs
Layout: Godewind, Hamburg
Satz und technische Umsetzung: PER MEDIEN & MARKETING GmbH, Braunschweig; Druckreif! Annette Henko, Braunschweig
Druck und Bindung: Westermann Druck GmbH, Braunschweig

ISBN 978-3-14-**137011**-9

Für Lehrerinnen und Lehrer:

Kommentar für Lehrkräfte	978-3-14-137025-6
Kopiervorlagen	978-3-14-137027-0
Kopiervorlagen zum Fördern	978-3-14-137029-4
Anlautkarten	978-3-14-137028-7
Anlautposter	978-3-14-137021-8
Materialkiste	978-3-14-137022-5
Lesehefte	978-3-14-137023-2
Audio-CD	978-3-14-137026-3
Quiesel Handpuppe	978-3-14-137224-3
Das kann ich-Heft (10er-Set)	978-3-14-137030-0
Interaktive Übungen (Lehrkräfte)	978-3-14-137061-4
BiBox Einzellizenz (Lehrkräfte)	978-3-14-137042-3

Für Schülerinnen und Schüler:

Vorkurs	978-3-14-137010-2
Arbeitshefte	
• Druckschrift	978-3-14-137013-3
• Grundschrift	978-3-14-137014-0
Lesemalheft	978-3-14-137024-9
Schreiblehrgang	
• Lateinische Ausgangsschrift	978-3-14-123351-3
• Vereinfachte Ausgangsschrift	978-3-14-123350-6
• Schulausgangsschrift	978-3-14-123352-0
• Grundschrift	978-3-14-123353-7
Trainingsheft 1	978-3-14-137019-5
BiBox Einzellizenz (Schüler/Schülerinnen)	978-3-14-137034-8

Abkürzungen in den Fußzeilen

AH	Arbeitshefte, Teil A/B	LMH	Lesemalheft
KV	Kopiervorlage	MK	Materialkiste
Fö KV	Kopiervorlage zum Fördern		Text zum Hören
LH	Leseheft		Medienbildung
	Erklärvideo		

L E A

O L E

westermann

BAUSTEINE

Fibel

Das kann ich!

Name Klasse

1

Inhalt

Das kann ich schon   3 ☐ _____

Unsere Schule   4–5 ☐ _____

Vor meiner Tür   6–7 ☐ _____

Ich – du – wir   8–9 ☐ _____

Auf ins Abenteuer   10–11 ☐ _____

Von Kopf bis Fuß   12–13 ☐ _____

Der Natur auf der Spur   14–15 ☐ _____

Hier und anderswo   16–17 ☐ _____

In der Medienwelt   18–19 ☐ _____

Das kann ich schon

1

2

Unsere Schule

1

A L E

E O L

O L A

E O A

2

E e

O o

3

4

Vor meiner Tür

1 **M m** Lama Malo mag Melonen.

S s Lasse isst Salat mit Nüssen.

T t Tobi tanzt flott Tango.

2
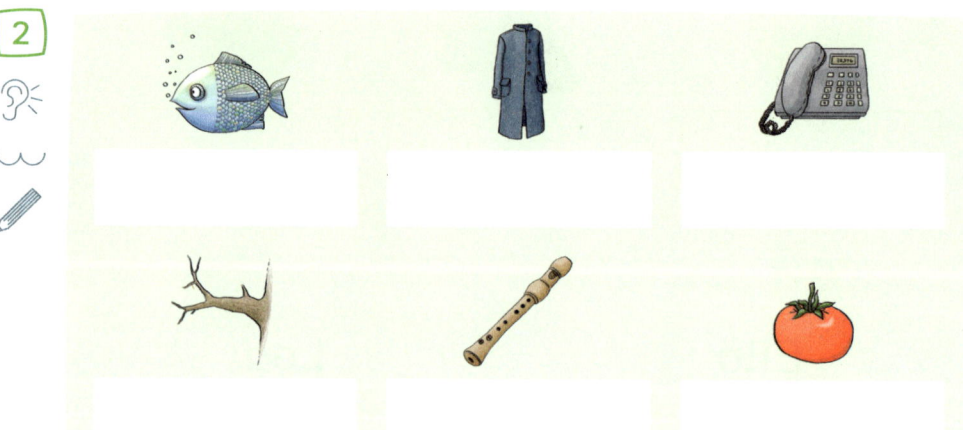

3
I i

4

Sa	mat
	lat

Tas	si
	se

E	sel
	tel

Am	mel
	sel

5

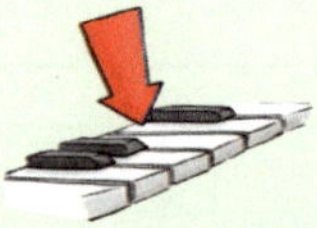

- Salami
- Amsel
- Taste
- Oma

Ich – du – wir

1
- **R r** Der Roboter riecht an rosa Rosen.
- **N n** Kinder naschen knackige Nüsse.
- **D d** Dino findet Erdbeeren wunderbar.

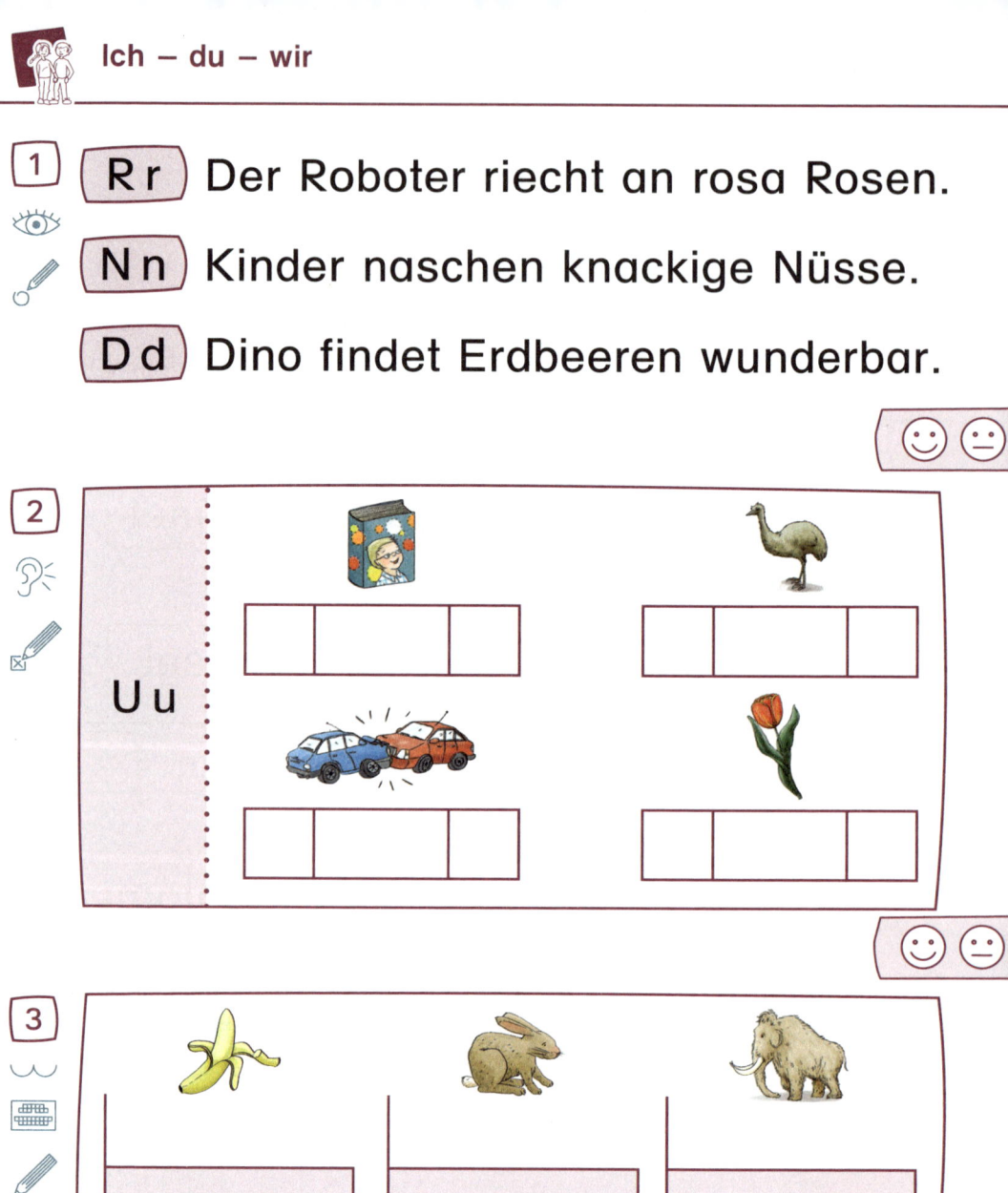

4

	Dose ☐	Dino ☐	Domino ☐
	Nest ☐	Nummer ☐	Nuss ☐
	Nudel ☐	Nase ☐	Nadel ☐

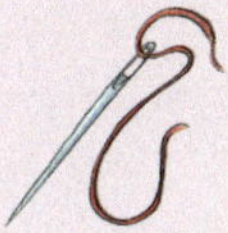

5

Di	se
In	no
Ro	sel
La	tro	ne
Ma	ter	se

 **Auf ins Abenteuer**

1

Finn und Filo

Finn sucht Melonen.

2

3

F f

4 Ist alles da?

- ☐ Elefant
- ☐ Affe
- ☐ Lampe
- ☐ Pirat
- ☐ Lupe
- ☐ Schiff
- ☐ Perlen
- ☐ Feder
- ☐ Ampel
- ☐ Elch

5

| am Meer. | Die Piraten | sind |

| malt | mit dem Pinsel. | Finn |

Von Kopf bis Fuß

1

B b

K k

2

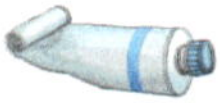

3

☐ Die Maus kauft eine Nuss.

☐ Die Maus kaut eine Nuss.

☐ Ole besucht ein Schloss.

☐ Ole malt ein Schloss.

☐ Lea zeichnet ein Zebra.

☐ Lea besucht den Zoo.

4

BlumeZirkusZooKuchen

ZaunZitroneKisteBuch

BaumBauchHautZorn

Der Natur auf der Spur

1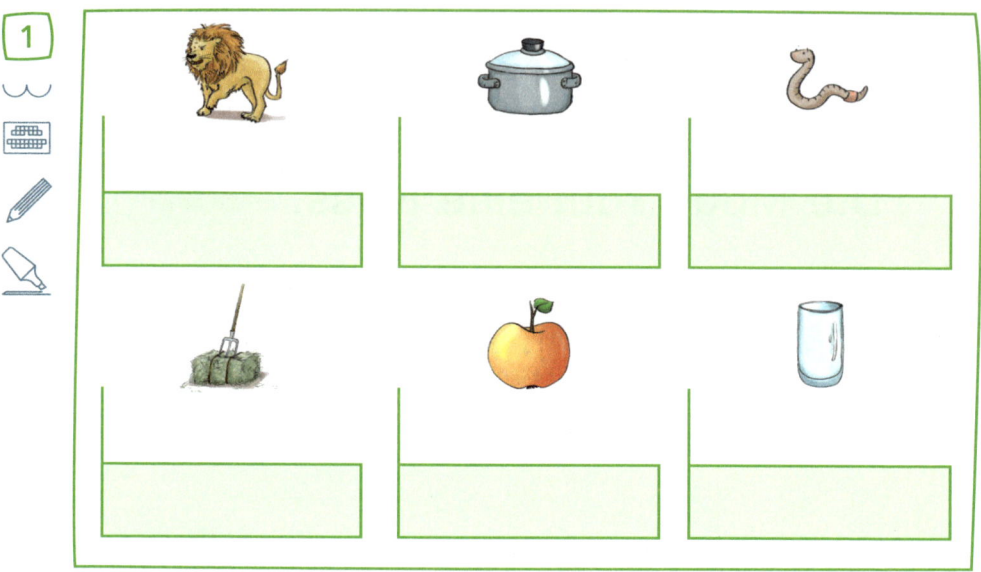

2
- Wald
- Gans
- Pferd
- Wasser
- Eule
- Flöte
- Haustür
- Scheune

N	P	F	E	R	D	U	T	I
A	O	P	R	F	L	Ö	T	E
W	Ü	W	A	L	D	K	S	I
S	C	H	E	U	N	E	A	T
M	D	P	H	B	G	A	N	S
E	W	A	S	S	E	R	Z	G
F	A	E	U	L	E	T	U	N
W	H	A	U	S	T	Ü	R	O

3 Was passt nicht?

Gans	Ente	Pferd	Hut
Löffel	Gabel	Brot	Messer
Arm	Hose	Bein	Kopf

4
- ☐ Der Papagei ist auf dem Baum.
- ☐ Der Papagei ist auf dem Weg.
- ☐ Der Papagei ist auf dem Dach.

5

Die Frösche leben   ein bunter Regenbogen.

Am Himmel ist   am Wasser.

Ein Igel frisst   am Baum.

Ein Apfel ist   einen Apfel.

Hier und anderswo

1

St st

Qu qu

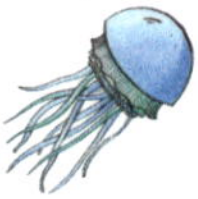

2

	ja	nein
Spielen macht großen Spaß.	☐	☐
Nachts kommen die Vampire.	☐	☐
Es gibt giftige Quallen.	☐	☐
Der Vesuv ist ein Vulkan.	☐	☐
Spinnen sprechen Japanisch.	☐	☐

3

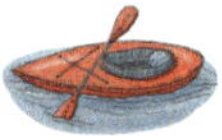

Ka	do
Ju	jak
Spa	gat
Brie	gel
Vo	vier
Kla	fe

😊 😐

4

Viele Vögel fliegen — nach Süden.

Kaulquappen leben — Steine am Strand.

Manche Vulkane speien — im See.

Kamil und Sarel sammeln — Lava.

😊 😐

In der Medienwelt

1

ein Apfel –  drei **Äpfel**

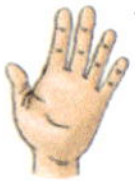

eine Hand – 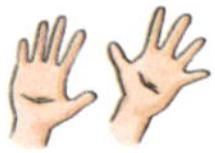 zwei

eine Bank –  zwei

eine Gans –  drei

2

singen
br

winken
tr

Katze
T

Zange
W

backen
p

Spatz
Sch

3

 • • Das Xylofon ist ein Instrument.

 • • Mein Onkel hat eine Glatze.

 • • Ich lese in der Zeitung.

 • • Das ist ein Baby.

 • • Am Computer spiele ich.

4 Ein Wort passt nicht.

Mama liest telefoniert ein Buch.

Pyramiden sind Gebäude Autos in Ägypten.

Im Kühlschrank steht kocht die Milch.

Kompetenzübersicht

Kompetenz	Rückmeldung
Das kann ich schon	
1 Wörter und Bilder mit gleichem Anlaut verbinden	
2 Silbenbögen nachspuren	
Unsere Schule	
1 Anfangsbuchstaben einem Bild zuordnen	
2 Laut in einem Wort hören	
3 Wörter in Silben schwingen	
4 geübte Wörter lesen	
Vor meiner Tür	
1 Buchstaben visuell diskriminieren	
2 Wörter in Silben schwingen	
3 Position eines Lautes in einem Wort hören	
4 Silben zu Wörtern zusammensetzen	
5 geübte Wörter lesen	
Ich – du – wir	
1 Buchstaben visuell diskriminieren	
2 Position eines Lautes in einem Wort hören	

Kompetenz	Rückmeldung
3 Wörter in Silben schwingen und (teilweise) verschriften	
4 geübte Wörter lesen	
5 Silben zu Wörtern zusammensetzen	
Auf ins Abenteuer	
1 Wörter und Sätze in Linien schreiben	
2 Wörter in Silben schwingen und (teilweise) verschriften	
3 Position eines Lautes in einem Wort hören	
4 Wörter lesen und kennzeichnen, was auf einem Bild zu sehen ist	
5 aus Wörtern Sätze bilden	
Von Kopf bis Fuß	
1 Position eines Lautes in einem Wort hören	
2 Wörter in Silben schwingen und (teilweise) verschriften	
3 Sätze lesen und dem passenden Bild zuordnen	
4 Wortgrenzen ergänzen und das Wort schreiben	

Kompetenzübersicht

Kompetenz	Rückmeldung
Der Natur auf der Spur	
1 Wörter in Silben schwingen und (teilweise) verschriften	
2 Wörter in einem Suchsel finden	
3 Wörter finden, die nicht zu den anderen passen	
4 Sätze lesen und verstehen	
5 Sätze zusammensetzen	
Hier und anderswo	
1 Position eines Lautes in einem Wort hören	
2 Sätze lesen und verstehen	
3 Silben zu Wörtern zusammensetzen und schreiben	
4 Sätze zusammensetzen	
In der Medienwelt	
1 Wörter mit A a ableiten	
2 Reimwörter mit ng aufschreiben	
3 Sätze lesen und mit dem passenden Bild verbinden	
4 Sätze lesen und falsche Wörter erkennen	

BAUSTEINE Fibel Das kann ich!

Erarbeitet von
Kirsten Bruhn (Neubrandenburg), Sabine Gudat-Vasak (Hanau),
Gabriele Hinze (Metelen), Bernadette Nabers (Heek) und Daniela Reinker (Metelen)

Abbildungsnachweis
Lars Baus (Seite 6, 11, 13, 15), Franziska Kalch (Anlautbilder)
sowie Angela Glökler (Quiesel)
Wir arbeiten sehr sorgfältig daran, für alle verwendeten Abbildungen die Rechteinhaberinnen und Rechteinhaber zu ermitteln. Sollte uns dies im Einzelfall nicht vollständig gelungen sein, werden berechtigte Ansprüche selbstverständlich im Rahmen der üblichen Vereinbarungen abgegolten.

westermann GRUPPE

© 2020 Bildungshaus Schulbuchverlage
Westermann Schroedel Diesterweg Schöningh Winklers GmbH, Braunschweig
www.westermann.de

Das Werk und seine Teile sind urheberrechtlich geschützt. Jede Nutzung in anderen als den gesetzlich zugelassenen bzw. vertraglich zugestandenen Fällen bedarf der vorherigen schriftlichen Einwilligung des Verlages. Nähere Informationen zur vertraglich gestatteten Anzahl von Kopien finden Sie auf www.schulbuchkopie.de.
Für Verweise (Links) auf Internet-Adressen gilt folgender Haftungshinweis: Trotz sorgfältiger inhaltlicher Kontrolle wird die Haftung für die Inhalte der externen Seiten ausgeschlossen. Für den Inhalt dieser externen Seiten sind ausschließlich deren Betreiber verantwortlich. Sollten Sie daher auf kostenpflichtige, illegale oder anstößige Inhalte treffen, so bedauern wir dies ausdrücklich und bitten Sie, uns umgehend per E-Mail davon in Kenntnis zu setzen, damit beim Nachdruck der Verweis gelöscht wird.

Druck A[1] / Jahr 2020
Alle Drucke der Serie A sind im Unterricht parallel verwendbar.

Redaktion: Jasmin Jasmer, Rebekka Musial
Umschlaggestaltung: Visuelle Lebensfreude, Hannover mit Illustrationen von Günther Jakobs
Layout: Godewind, Hamburg
Satz und technische Umsetzung: PER MEDIEN & MARKETING GmbH, Braunschweig
Druck und Bindung: Westermann Druck GmbH, Braunschweig

ISBN 978-3-14-137065-2